Peter Eickhoff

111 Düsseldorfer Restaurants, die man kennen muss

Mit Fotografien von Do Hyun Kim

emons:

Dieses Buch ist all jenen gewidmet, die wir für gewöhnlich nicht sehen und die wir kaum wahrnehmen, aber ohne die wir Restaurants nicht genießen könnten: den Tellerwäschern!

Bibliografische Information der Deutschen Nationalbibliothek
Die Deutsche Nationalbibliothek verzeichnet diese Publikation in der Deutschen Nationalbibliografie; detaillierte bibliografische Daten sind im Internet über http://dnb.d-nb.de abrufbar.

© Emons Verlag GmbH
Alle Rechte vorbehalten
© der Fotografien: Do Hyun Kim
Layout: Eva Kraskes, nach einem Konzept
von Lübbeke | Naumann | Thoben
Kartografie: altancicek.design, www.altancicek.de
Kartenbasisinformationen aus Openstreetmap,
© OpenStreetMap-Mitwirkende, ODbL
Druck und Bindung: B.O.S.S Medien GmbH, Goch
Printed in Germany 2015
ISBN 978-3-95451-594-3
Originalausgabe

Dieser Führer wurde sorgfältig recherchiert, dennoch können Daten falsch oder überholt sein. Eine Haftung können wir in keinem Fall übernehmen. Hinweise und Anregungen bitte schriftlich an den Verlag oder per Mail an: duesseldorf111restaurants@t-online.de

Unser Newsletter informiert Sie
regelmäßig über Neues von emons:
Kostenlos bestellen unter
www.emons-verlag.de

Vorwort

> Die Kultur hängt von der Kochkunst ab.
> *Oscar Wilde*

Restaurants sind spannende Orte. Was nicht nur am Essen liegt, das immer wieder für schöne und manchmal auch für weniger schöne Überraschungen sorgt. Restaurants haben sich zu den Wohnzimmern der großen Städte gewandelt. Hier findet das private Leben ganz öffentlich statt. Beziehungen beginnen, werden gefestigt und auch wieder an Restauranttischen beendet. Gutes Essen und eine entsprechende Atmosphäre verleiten zu offenherzigen Geständnissen und verstärken zweifellos das Selbstbewusstsein. Man kommuniziert pausenlos, manchmal auch mit vollem Mund. Man trifft sich mit echten analogen Freunden, und Großfamilien zeigen in Restaurants, dass es sie generationenübergreifend tatsächlich noch gibt. Wer etwas Bedeutendes zu feiern hat, tut das gern in Restaurants. Und wer eingeladen wird, weiß, dass er dem Einladenden etwas bedeutet. Mit besonderen Restaurants sind auch immer besondere Erinnerungen verbunden.

In diesem Buch spielt neben dem Essen also auch die Atmosphäre eine wichtige Rolle. Der gesamtgastronomische Eindruck ist bedeutender als die einzelne kulinarische Leistung. Es gibt gute Restaurants mit nicht so guten Köchen, und es gibt hervorragende Köche, die in etwas leblosen und versteiften Restaurants kochen müssen.

Die kulinarische Szene in Düsseldorf ist so bunt wie noch nie. Und sie ist besser denn je. Das liegt an jungen Köchinnen und Köchen, die sich von vielen kulturellen Tendenzen inspirieren lassen und deren Wille zur individuellen und perfekten Küche zu wunderbaren Ergebnissen führt.

Die angegebenen Preiskategorien verstehen sich nur als Anhaltspunkte für eine ungefähre preisliche Einschätzung des jeweiligen Restaurants. Berücksichtigt wurde ein durchschnittliches Abendessen mit Vor- und Hauptspeise (ausgesprochene Mittagsrestaurants haben ausnahmslos Kategorie ■□□, siehe Seite 9).

111 Restaurants

1 — Agata's | ■ ■ ■ ■
   Reife Leistung | 10
2 — Agave | ■ ■ ☐ ☐
   Urlaubsgrüße aus Capri | 12
3 — Aldo Genovese | ■ ■ ☐ ☐
   Der Herr der Tische | 14
4 — Alte Metzgerei | ■ ☐ ☐ ☐
   Doppelte Suppen | 16
5 — Altes Fischerhaus | ■ ■ ☐ ☐
   Wie am Meer | 18
6 — Askitis | ■ ■ ☐ ☐
   Fische und Gold | 20
7 — Bar Olio | ■ ■ ☐ ☐
   Aufsteigende Neubauten | 22
8 — Belgobelga | ■ ■ ☐ ☐
   Immer anders, als man denkt | 24
9 — Berens am Kai | ■ ■ ■ ■
   Reduzierte Formen | 26
10 — Bernstein und Inbar | ■ ☐ ☐ ☐
   Im Basislager | 28
11 — Big Tuna Sashimi Bar | ■ ☐ ☐ ☐
   Unverwechselbar Hiroki | 30
12 — Bistro Zicke | ■ ☐ ☐ ☐
   Tage wie diese | 32
13 — Brand's Jupp | ■ ■ ☐ ☐
   Nicht nur sonntags | 34
14 — Brasserie Hülsmann | ■ ■ ☐ ☐
   Robert ist hier alles | 36
15 — Brasserie Stadthaus | ■ ■ ■ ☐
   Missing Link | 38
16 — Brauerei Schumacher | ■ ☐ ☐ ☐
   Kennt jeder! | 40
17 — Brauerei Zum Schiffchen | ■ ■ ☐ ☐
   Beim Bier mit Napoleon | 42
18 — Café de Bretagne | ■ ■ ■ ☐
   Muscheln, noch mehr Muscheln | 44

19 — Clube Português | ■□□□
   Der Che und die Heiligen | 46

20 — Devona | ■■□□
   Brot und Salz | 48

21 — Don Sancillo | ■■□□
   Essen nach Maß | 50

22 — Dorfschänke | ■■□□
   Mit Eierlikör | 52

23 — D'Vine | ■■■□
   Teller der Begierde | 54

24 — El Ömmes | ■□□□
   Kommt einem spanisch vor … | 56

25 — Em Brass | ■■□□
   Steile Weine | 58

26 — Enzo im Schiffchen | ■■■■
   Typisch italienisch | 60

27 — EssBar | ■■□□
   Weit oben | 62

28 — Fehrenbach | ■■■□
   Love is all you need | 64

29 — Finanzämtche / Pozangmatcha | ■■□□
   Notfalls mit dem Finger | 66

30 — Fischhaus | ■■□□
   Mehr Meer | 68

31 — Frango Português | ■□□□
   Restaurant der Träume | 70

32 — Gattogiallo | ■□□□
   In Kalabrien | 72

33 — Gingerboy | ■□□□
   Unterm Regenbogen | 74

34 — Güzel Voyage | ■□□□
   Kochen auf Türkisch | 76

35 — Hashi, Mahlzeit! | ■□□□
   Danke gleichfalls! | 78

36 — Hausnummer 3 | ■□□□
   Hip-Hop-Gourmets | 80

37 — Hyuga | ■■□□
   Irasshaimaseeeeee! | 82

38 — Im Schiffchen | ■■■■
   Beim Weltkoch | 84

39 — K | ■ ☐ ☐ ☐
Men at work | 86

40 — Karl's | ■ ■ ☐ ☐
Im Himmel über Pempelfort | 88

41 — Kikaku | ■ ■ ☐ ☐
Die alte Sushi-Ess-Schule | 90

42 — Klee's | ■ ■ ☐ ☐
Mit spanischem Akzent | 92

43 — Kushi-tei of Tokyo | ■ ■ ☐ ☐
Feuer frei! | 94

44 — La Bouillabaisse | ■ ■ ☐ ☐
Große Fische | 96

45 — Le Bouchon | ■ ■ ■ ☐
Reisen durch Frankreich | 98

46 — Le Chat Noir | ■ ■ ☐ ☐
Bürger und Boheme | 100

47 — Le Flair | ■ ■ ■ ☐
Willkommen in Pempelfort! | 102

48 — Le Local | ■ ☐ ☐ ☐
Im Quartier Latin | 104

49 — Lee Ma Tcha | ■ ☐ ☐ ☐
Bis tief in die Nacht | 106

50 — Lezzet | ■ ■ ☐ ☐
Neutürkische Varianten | 108

51 — Lieblings | ■ ■ ☐ ☐
Hinter Glas | 110

52 — Linguini | ■ ■ ☐ ☐
Die unbekannte Seite | 112

53 — Löffelbar | ■ ☐ ☐ ☐
Schnelle Teller | 114

54 — Malinas | ■ ■ ☐ ☐
Nackte Piroggen | 116

55 — Matar kocht für euch | ■ ■ ☐ ☐
Bereit, wenn du es bist | 118

56 — Menta | ■ ☐ ☐ ☐
Ein Kraut für alle Fälle | 120

57 — Meuser | ■ ☐ ☐ ☐
Die Nostalgie der Nostalgie | 122

58 — Münstermanns Kontor | ■ ■ ☐ ☐
Zwiebel/Gurke/Speck | 124

59 — Muggel | ■■☐☐
Küche und Kino | 126

60 — Nagaya | ■■■■
Der Geschmack im Unendlichen | 128

61 — Naniwa Noodles & Soups | ■☐☐☐
Bitte hinten anstellen! | 130

62 — Nöthel's | ■■■☐
Früher war mehr Lametta | 132

63 — Nooij | ■■☐☐
Das Vermächtnis der Tanten | 134

64 — Ohme Jupp | ■☐☐☐
Küche der Frauen | 136

65 — Oktopussy | ■■■☐
Mit Axel Herrenbrück am Strand | 138

66 — Osteria Saitta | ■■■☐
Alte Schule | 140

67 — Papa Yong | ■☐☐☐
Cool Ko Ryo | 142

68 — Parlin | ■■☐☐
Unter einer Decke | 144

69 — Patrick's Seafood No. 1 | ■■■☐
In direkter Linie | 146

70 — Pegasos | ■☐☐☐
Am Ende einen Ouzo | 148

71 — Petit Rouge | ■☐☐☐
Die wiedergefundene Zeit | 150

72 — Primitivo | ■■☐☐
Lust auf andere | 152

73 — Ratatouille | ■■☐☐
Uns bleibt immer noch Paris | 154

74 — Richie 'n Rose | ■☐☐☐
Der mit dem Fleischwolf tanzt | 156

75 — Rika | ■☐☐☐
Ohne Schlange | 158

76 — Roberts Bistro | ■■☐☐
Scharf auf gutes Essen | 160

77 — Rossini | ■■■☐
Trüffel für den Maestro | 162

78 — Rote Laterne | ■☐☐☐
Die Zauberer aus Lanzhou | 164

79 __ Saittavini | ■ ■ ■ □
　　　Luxus auf Italienisch | 166

80 __ Sassafras | ■ □ □ □
　　　Unter den Linden | 168

81 __ sattgrün | ■ □ □ □
　　　Grüner wird's nicht mehr | 170

82 __ Scaramanga's | ■ □ □ □
　　　Essen nach Bildern | 172

83 __ Schorn | ■ ■ ■ ■
　　　Die reine Lehre | 174

84 __ Segin's | ■ ■ ■ □
　　　Viel drin und noch mehr drauf | 176

85 __ Sila Thai | ■ ■ □ □
　　　Manche mögen's extrascharf | 178

86 __ Soba-an | ■ ■ □ □
　　　Heiß und manchmal fettig | 180

87 __ Stappen | ■ ■ □ □
　　　Keine Experimente! | 182

88 __ Stier Royal | ■ □ □ □
　　　Ganz schön eingefleischt | 184

89 __ Sumi | ■ ■ □ □
　　　Jamsession und alte Meister | 186

90 __ Suzie Q. | ■ □ □ □
　　　Good morning, Vietnam! | 188

91 __ Tafelspitz 1876 | ■ ■ ■ ■
　　　Rasanter Sololauf | 190

92 __ Takumi | ■ □ □ □
　　　Tiefe Suppen | 192

93 __ Tao | ■ □ □ □
　　　Gedämpfte Originale | 194

94 __ The Bosporus | ■ ■ □ □
　　　Erinnerungen an Istanbul | 196

95 __ The Classic Western Steakhouse | ■ ■ ■ □
　　　Eat like a man! | 198

96 __ Trattoria d'Alfredo | ■ ■ □ □
　　　Buona sera, Signorina … | 200

97 __ Trattoria Emiliana | ■ ■ □ □
　　　Stillleben mit Porchetta | 202

98 __ Tsun-Gai | ■ □ □ □
　　　Nur Mut | 204

99 — U. – das Restaurant | ■■■□
Am Esstisch | 206

100 — U.Land | ■■□□
Lauter Logenplätze | 208

101 — Vente | ■■□□
Voll gut | 210

102 — Vineria Vinci | ■■□□
Im post-sizilianischen Stil | 212

103 — Vitale | ■■□□
Auf jeden Fall gesund! | 214

104 — Weinhaus Tante Anna | ■■■□
Zurück in die Zukunft | 216

105 — Weinlokal Galerie | ■■□□
Lust auf Blauarsch | 218

106 — Yabase | ■■□□
Lost in Translation | 220

107 — Zen | ■■□□
Die Mittagspausen-Meditation | 222

108 — zimmer no. 01 | ■■□□
Außer Atem | 224

109 — Zum Bruderhaus | ■■□□
Rheinische Seele | 226

110 — Zum Czikôs | ■■□□
Altes Fieber | 228

111 — Zur Sennhütte | ■■□□
Grelle Forelle | 230

PREISKATEGORIEN

Preiskategorie ■□□□ bis 18 €
Preiskategorie ■■□□ bis 28 €
Preiskategorie ■■■□ bis 40 €
Preiskategorie ■■■■ über 40 €

PREISKATEGORIE ■ ■ ■ ■

1 Agata's
Reife Leistung

Manchmal geht alles furchtbar schnell! Kaum hatte das Restaurant 2013 eröffnet, wurde es auch schon mit einem Michelin-Stern ausgezeichnet. Jedes Jahr im November befinden sich deutschlandweit Köche in einer gewissen Duldungsstarre: Bekommen sie ihn nun, oder verlieren sie ihn wieder? Normalerweise dauert es ein paar Jahre, bis die Michelin-Tester, die diesen weltweit anerkannten und höchsten Restaurant-Orden vergeben, sich dazu durchringen. Ihn zu bekommen soll allerdings leichter sein, als ihn wieder zu verlieren …

Jörg Wissmann ist der junge Koch, der mit dem Stern an der Kochmütze zu den jungen, weitgehend noch unbekannten Shootingstars der Düsseldorfer Kochszene gehört. Er ist ein ausgesprochener Fleischliebhaber. Wissmann kümmert sich selbst um das sogenannte Dry Aging (Trockenreifen) des von ihm zu verarbeitenden Fleisches. Bei richtiger Vorbereitung in eigens für diesen Prozess konstruierten Schränken wird das Fleisch wunderbar mürbe und entfaltet erst während dieser schonenden »Nachbearbeitung« seine ganze geschmackliche Komplexität. Fundamentalistische Fleischesser schauen in diese Schränke wie in lichterglänzende Schmuckvitrinen hinein.

Auf seiner auch für das kulinarische Laufpublikum geschriebenen Mittagskarte bietet Wissmann manchmal einen Dry Aged Hamburger an (18 Euro). Wer ihn mit einem sehr guten herkömmlichen Hamburger vergleicht, wird sehr wahrscheinlich Fan der Trockenschränke oder/und der Sterneküche.

Exzellentes Fleisch gibt es natürlich auch in seinem umfangreichen Abendmenü (5 Gänge 82 Euro, 8 Gänge 109 Euro): geschmorte Schweinebäckchen beispielsweise, die nach Escabeche (eine Art Eintopf) von marinierter bretonischer Makrele und »Ochsenmaul-Salat« vom Waller serviert werden. Das besonders zarte US-Beef (aus dem Schrank), als sechster Gang des großen Menüs, kocht Wissmann asiatisch mit Kimchi und Pilzen auf einem dunklen Miso-Jus.

Adresse Münsterstraße 22, Pempelfort, Tel. 0211/20030616 | **ÖPNV** Straßenbahn 701, 707, 715, Haltestelle Dreieck; Bus 721, 752, 754, 756, 758, SB 55, Haltestelle Münsterstraße/Feuerwache | **Öffnungszeiten** Di–Sa 12–14.30 und 18–22 Uhr, feiertags 19–21 Uhr, So und Mo geschlossen | **Internet** www.agatas.de

PREISKATEGORIE ■■□□

2 Agave

Urlaubsgrüße aus Capri

Es ist ein ganz unaufgeregtes Restaurant, eine Adresse für alle Tage mit Pizza und Pasta. Auf diesem Teil der Neusser Straße (mit drei italienischen Restaurants) repräsentiert Agave die klassische Küche, wie sie seit den 1950er Jahren gekocht wird. Wer die orthodoxen Grundlagen der italienischen Küche besonders mag oder sich mit ihnen vertraut machen möchte, isst hier am richtigen Ort.

Das beginnt bei den Antipasti (Vorspeisen), bei einem Insalata caprese, dem Salat, der im Grand Hotel Quisisana auf Capri für den ägyptischen König Farouk kreiert wurde und seitdem so etwas wie der Prototyp des italienischen Salats ist. Der Caprese war einmal so avantgardistisch, dass einige Küchenhistoriker Filippo Tommaso Marinetti, den Verfasser eines futuristischen Kochbuchs, als eigentlichen Urheber vermuten.

Die Zutaten Tomate, Mozzarella und Basilikum finden sich in vielen italienischen Speisen, in Reinkultur in der italienischsten aller Pizzen, der Margherita, die in Neapel zu Ehren der italienischen Königin gleichen Namens erfunden wurde. Die Margherita gibt es im Agave natürlich auch – neben 15 anderen mehr oder weniger phantasievollen Kreationen.

Eine andere Vorspeise der kollektiven Reiseerinnerungen ist das in viele italienische Speisenkarten eingemeißelte Vitello tonnato: zartes, kalt aufgeschnittenes Kalbfleisch aus der Nuss in einer Thunfischsauce mit Kapern. So klassisch wie die Antipasti sind auch die Spaghetti alla carbonara (die auch in Deutschland schlagermäßig besungene Sauce mit Speck und Ei) oder Penne all'arrabbiata.

Kalbsschnitzel werden mit Schinken und Salbei zubereitet (Saltimbocca alla romana), die Leber gibt es venezianisch, wie sie im Buch steht, mit Zwiebeln, und die Lasagne alla bolognese ist so beruhigend gut wie die Gnocchi alla sorrentina, in denen sich die klassischen Zutaten von Caprese und Margherita in einer weiteren Form wiederfinden.

Adresse Neusser Straße 47, Unterbilk, Tel. 0211/308455 | **ÖPNV** Straßenbahn 704, 709, 719, Bus 725, 726, Haltestelle Stadttor | **Öffnungszeiten** Mo–Fr 12–14.30 und 18–23 Uhr, Sa und feiertags 18–23 Uhr, So 18–22 Uhr |
Internet www.agave-restaurant.de

PREISKATEGORIE ■■□□

3 Aldo Genovese
Der Herr der Tische

Es kann durchaus sein, dass man zunächst in ein Gespräch verwickelt wird. Das hängt davon ab, wie gut der Kellner, der dem Lokal den Namen gab, gerade in Form ist. Dabei geht es nicht zwangsläufig um Essen und Weine, um Produkte und ihre Zubereitung. Natürlich sind auch das Themen, die gern besprochen werden. Es kann zunächst um Dinge gehen, die niemanden kaltlassen. Strafzinsen auf Bankkonten, der unabwendbare Klimawandel und die Lösung des Ukrainekonflikts. Oder die absurden Forderungen der griechischen Regierung.

Den Lösungen ist man in diesem Lokal jedenfalls näher als anderswo, und das macht Aldo Genovese so unterhaltsam und ungewöhnlich. Die Welt ist viel einfacher, als man glaubt, und das Essen schmeckt so eingestimmt gleich besser. Sollte man selbst keine genaue Vorstellung von dem haben, was man gern essen würde, weiß auch das oft genug der Kellner: Er wird garantiert etwas vorschlagen, was er selbst gern essen würde. Mit den gemischten Vorspeisen liegt man immer richtig. Sie sind nicht besonders aufregend, aber die gegrillten oder eingelegten Gemüse, Paprika, Zucchini, Auberginen, Champignons und Bohnen haben einen gewissen Biss, sind aromatisch und angenehm wie die Wurst und der beiliegende Käse. Auch der Insalata mista della casa ist ergreifend schlicht und schön zu essen.

Die Köchinnen mögen es unprätentiös wie der redegewandte Herr der Tische: gute Penne all'arrabbiata, Kalbsschnitzel in Weißweinsauce, Leber mit Butter und Salbei. Zum Nachtisch Pannacotta oder Tiramisu. Alles *tutto bene*, und wenn man nun dennoch nicht wissen sollte, was man von der kleinen Karte nehmen sollte, sagt man einfach, was man gern hätte, und wenn es irgendwie möglich ist, wird man es auch bekommen. Wer sich auf den Kellner verlässt, wird jedenfalls nie verlassen, und deshalb ist dieses Lokal in seiner schlichten Erhabenheit eine echte italienische Adresse in Düsseldorf.

Adresse Schirmerstraße 17, Pempelfort, Tel. 0211/59875405 | **ÖPNV** Straßenbahn 704, Haltestelle Rochusmarkt | **Öffnungszeiten** Di–Fr 12–14.30 und 18–22.30 Uhr, Sa 18–22.30 Uhr, So und Mo geschlossen

PREISKATEGORIE ■□□□

4 Alte Metzgerei
Doppelte Suppen

Selbstkochen lohnt nicht. Vor allem dann nicht, wenn man in Flingern wohnt, für gewöhnlich allein isst und keinen großen Hunger hat. In der Alten Metzgerei gibt es halbe Portionen, und die sind fast geschenkt. Der Einstiegspreis für Suppen liegt bei 4,20 Euro, aber auch die ganze, also die große Portion, ist kaum teurer: 6,70 Euro. Außer den täglichen Suppen gibt es Eintöpfe, Salate, diverse Tartes und manchmal Fisch, Fleisch oder Huhn. Täglich hat man drei Gerichte zur Auswahl, am Wochenende muss man selbst zusehen, wie man über die Runden kommt, dann ist die Metzgerei geschlossen.

Gekocht wird frei von der Herdplatte weg, bunt und intensiv, mit vielen Kräutern und Gewürzen und manchmal von einer unüberschmeckbaren Kombinierlust getrieben wie etwa bei einer Kokos-Linsensuppe und einer Rote-Bete-Süßkartoffel-Tarte. Süßkartoffeln sind überall der Schlager der Saison wie Chorizo (in Caldo verde, der portugiesischen Nationalsuppe) und der sich zum Dauerbrenner entwickelnde Bärlauch (im Pesto und dann verarbeitet zur Blumenkohlcremesuppe). Neben den freien Improvisationen bietet die Küche auch alte Tischgrößen wie Großmutters »Eier nach Königsberger Art« und Möhrengemüse mit Chilibratwurst (rheinisch, aber scharf).

Die Suppen gibt es immer über zwei Tage. Das hat Vorteile. Wenn's besonders schmeckt, kann man sich schon auf den nächsten Tag freuen, und dieses System der gedoppelten Suppe bedient eine Leidenschaft, die schon Wilhelm Busch für die Witwe Bolte beschrieb: »… wofür sie besonders schwärmt, wenn es wieder aufgewärmt.« Busch meinte das Sauerkraut, aber auch viele Suppen entwickeln ihre volle Kraft erst über Nacht und im Ruhezustand.

Um die Mittagszeit herum ist die Metzgerei manchmal dicht gefüllt. Man kann sich aber auch alle Gerichte einpacken lassen. Am Nachmittag, anschließend an die klassischen Mittagspausen, entspannt sich die Lage deutlich.

Adresse Hoffeldstraße 48, Flingern, Tel. 0211/5803405 | **ÖPNV** Straßenbahn 709, 719, Haltestelle Hoffeldstraße | **Öffnungszeiten** Mo–Fr 12–16 Uhr, Mi 18–22 Uhr, Sa und So geschlossen | **Internet** www.altemetzgerei.de

PREISKATEGORIE ■■☐☐

5 Altes Fischerhaus
Wie am Meer

Wenn's drauf ankommt, kocht Markus Schulte immer in der ersten Reihe. Zumindest stehen er und sein Team in dem Ruf, bei allen Competitions und medialen Topfguckereien ihre Pfannen so wirkungsvoll unter Volldampf zu setzen, dass vielen ihrer Gäste vor Begeisterung der Mund offen bleibt. Schulte folgt dabei ganz geradlinig der schon vom alten Dichtervater Johann Wolfgang von Goethe postulierten Marketing-Erkenntnis: Wer vieles gibt, wird manchem etwas geben.

Im Alten Fischerhaus wird deshalb nach allen Regeln der Kleinkunst gebraten, gedämpft, gekocht und kombiniert. Schulte lässt niemanden an den Tischen zurück – zumindest nicht ratlos. Und so wird auch jeder in der Speisenkarte, die es umfangmäßig locker mit jedem Ausflugslokal aufnehmen könnte, etwas finden, was den allgemeinen Geschmack in seiner wärmenden Mitte trifft. Schulte favorisiert dabei möglichst große Schnittmengen: Lachs, Zander, Jakobsmuscheln, Rinderfilet, Rumpsteak, Barbarie-Entenbrust, also die Dauerläufer der soliden Küche. Es gibt bekannte asiatische Akzente mit Zitronengras und Wasabi, mediterrane mit Balsamico und Parmesan, bürgerliche mit Sauce Hollandaise und Kräuterbutter. Die Küche wird hier also nicht neu erfunden, aber doch polyglott in Szene gesetzt.

Dieser große, gelegentlich sonntäglich anmutende Entspannungsbogen macht auch deshalb Sinn, weil das Alte Fischerhaus schon vor einhundert Jahren tatsächlich ein stadtbekanntes Ausflugslokal war. Hier musste immer mit ganzen Familien gerechnet werden, die in ihrer Mitte auch hartnäckige Schnitzelesser (das Wiener Schnitzel aktuell für 22 Euro) oder reine Salatfrauen (Salate der Saison 11 Euro) haben.

Wer früh genug im Sommer kommt, wird mit einem Platz auf der Terrasse belohnt. Es gibt Strandkörbe wie am Meer. Es sind die bevorzugten Wohlfühlplätze junger Eltern, die aus Dankbarkeit ihre Kinder denen überlassen, die keine haben.

Adresse Am Alten Rhein 83, Urdenbach, Tel. 0211/714597 | **ÖPNV** Bus 788, Haltestelle Mühlenplatz | **Öffnungszeiten** Di–Fr und So 12–14.30 und 18–24 Uhr, Sa 18–24 Uhr, Mo geschlossen | **Internet** www.altes-fischerhaus.de

PREISKATEGORIE ■■□□

6 Askitis
Fische und Gold

Schon der griechische Philosoph Platon (428–348 v. Chr.) stellte eine unübersehbare Fischverrücktheit seiner Landsleute fest. Archestratos von Gela, einer der ersten bekannten Feinschmecker und Verfasser eines gastronomischen Lehrgedichts, empfahl den Griechen ebenfalls im 4. Jahrhundert v. Chr., guten Fisch mit Gold aufzuwiegen und ihn notfalls, falls man nicht genügend Gold habe, zu stehlen. Bei den Griechen des hellenischen Zeitalters drehte sich fast alles ums Essen und alles andere um Wein. Das ist zwar lange her und heute nur schwer vorstellbar, aber ihre noch immer aktuelle Neigung, Restaurants und Imbissstuben mit Gipssäulen und Statuen zu schmücken und nach Gottheiten oder antiken Orten zu benennen, erinnert an ihre große Zeit.

Im Askitis gibt es keine Gipssäulen, aber sehr guten Fisch. Die Tageskarte bietet immer ein halbes Dutzend. Falls er auf der Karte steht, sollte man den ganzen Loup de Mer (Wolfsbarsch) »nach einem Mönchsrezept vom Berg Athos« mit Gold aufwiegen oder sich notfalls etwas anderes einfallen lassen.

Die Mönche auf dem Heiligen Berg gelten als unbeirrbare Fischkenner, denn als orthodoxe Christen des wahren Glaubens, den sie seit der Abspaltung von der katholischen Kirche zu hüten glauben, essen sie kein Fleisch. Der Fisch, in einem leichten Tomatensud mit Kartoffeln, Sellerie, Schnittlauch und Petersilie, ist mit Kümmel gewürzt, eines der Gewürze, das schon in der antiken Küche eine hervorschmeckende Rolle spielte.

Allein mit den Mezedes genannten Vorspeisen könnte man einen ganzen Abend im Askitis verbringen: 25 verschiedene stehen auf der Karte. Kleine Speisen, sehr delikat, frisch zubereitet, schön gekocht und ungewöhnlich gut. Vier oder fünf von ihnen, gleichzeitig probiert, stimmen ein auf eine Gegenwart, die noch viel Zukunft in sich trägt. Die Rettung Griechenlands – zumindest auf den Tellern!

Adresse Herderstraße 73, Düsseltal, Tel. 0211/6020713 | **ÖPNV** Straßenbahn 706, 708, Haltestelle Brehmplatz | **Öffnungszeiten** Di–Sa und feiertags 18–24, So 12–23 Uhr, Mo geschlossen | **Internet** www.askitis.com

PREISKATEGORIE ■■□□

7 _ Bar Olio
Aufsteigende Neubauten

Früher war es natürlich viel schöner. Von der Terrasse des Olio konnte man weit über den verlassenen Güterbahnhof hinwegsehen, der von hier bis zum Schlachthof, noch hinter den Derendorfer Bahnhof im Norden der Stadt, reichte. Überall verlassene Schuppen, sinnlose Gleise, Trassen, Weichen und eingerostete Signale. Düsseldorf von hinten. Es war fast so schön wie am Meer. Und auch deshalb war das Olio ein Fluchtpunkt für viele, denen ihr altes Ratinger-Straße-Reservat viel zu spießig und unpersönlich geworden war.

Aber die Zeiten haben sich geändert. Der Güterbahnhof ist verschwunden. Heute sieht man auf glänzend schicke Appartementhäuser des neuen Viertels »Les Halles«. Man selbst hat sich natürlich auch verändert. Die Haare wurden dünner, dafür die Tätowierungen merkwürdig konturloser, und die eigenen Kinder verstehen einen vielleicht auch nicht mehr – obwohl man sich noch immer so kleidet wie sie. Die Kellnerinnen umarmen einen trotzdem. Unter diesen selten gewordenen Aspekten der Empathie gehören sie zu den besten! Wenn man sich auf irgendetwas absolut verlassen kann, dann ist es die Küche des Olio.

Früher gab es eher einfache, aber sehr gut gekochte italienische Küche. Die Pasta war legendär und setzte Maßstäbe. Die Ansprüche haben sich aber geändert. Mit Pasta und Salaten allein kann man heute nur noch Leuten kommen, die tatsächlich immer wieder in die Toskana fahren.

Die weltläufigen Ansprüche liegen heute sicher auch an den jungen Besitzern der Eigentumswohnungen gegenüber, die immer häufiger vorbeischauen. Die ethnischen Küchenlinien werden korrekt durch Burma, Japan, Peru und Marokko gezogen, auch Italien wurde nicht vergessen (Vitello carciofato, Pilzrisotto mit Rosmarin und Speck). Aber die ganze Neo-cuccina-Ambition des Olio zeigt sich beispielhaft in einem ungewöhnlich komponierten Gericht: gerösteter Schweinebauch mit Räucheraal, Miso-Kartoffel-Püree, Schwarzwurzel und Algensalat.

Adresse Schirmerstraße 54, Pempelfort, Tel. 0211/3677294 | **ÖPNV** Straßenbahn 704, Bus 721, 722, Haltestelle Adlerstraße | **Öffnungszeiten** täglich 11–1 Uhr

PREISKATEGORIE ■■□□

8_ Belgobelga
Immer anders, als man denkt

Provoziert er grundsätzlich gern? Oder will er nur die erstaunten Reaktionen der anderen sehen? Ralf Weißbrodt hat in seinem Leben jedenfalls eine Menge Dinge getan, die man nicht erwartete (er selbst auch nicht). Nach dem Abitur hätte er gern »was Soziales« gemacht, aber als er den ersten leibhaftigen, nett verschmuddelten Sozialarbeiter in Latzhose und mit einem Päckchen Van Nelle auf den Knien sah, wollte er doch lieber Punk und anders werden. Im authentischen Outfit mit Irokesenschnitt bewarb er sich dann aber ausgerechnet in einem der traditionellsten Restaurants von Düsseldorf, im Weinhaus Tante Anna (siehe Seite 216), um eine Lehrstelle. Die Lehre zog er durch, verkaufte später Pizza im »Stahlwerk« und zog etwas auf, das er selbst »Rock'n'Roll-Catering« nennt. Weißbrodt kochte auch für die Toten Hosen, folgte später seiner Leidenschaft (für eine Frau) und ging nach Belgien. Dort entdeckte er eine andere: die für belgisches Bier. Als er das alte Petite Montmartre übernahm, hätte er es am liebsten nach seinem Lieblingsbier benannt, »Mort Subite«, »der plötzliche Tod«. Das hätte ganz gut zum Nordfriedhof gepasst, der schräg gegenüber auf der anderen Straßenseite liegt.

Dass er bei allen surrealen Gedankenspielen und existenziellen Flugrollen ein Koch ist, der immer das Optimum will und oft erreicht, gibt er gern zu. Sein Waterzooi, der belgische Fischeintopf, ist ein unerhört schmackhaftes Konzentrat, ganz anders als die gelegentlich wässrig-dünnen Küstensüppchen, und eine der wenigen Reminiszenzen an seine belgischen Jahre. Mit Suprême bezeichnet man in der französischen Küche nicht nur das feinste Teil vom Huhn, also die Brust, sondern auch eine raffinierte Zubereitungsart. Weißbrodt serviert das Schwarzfederhuhn à la bourguignonne mit einer kräftigen, auf den Spiegel reduzierten Rotweinsauce, mit glacierten Zwiebeln und – nicht gerade alltäglich – in Essig eingelegten Gemüsen.

Adresse Esperantostraße 1/Ecke Ulmenstraße, Derendorf, Tel. 0211/42999383 | **ÖPNV** Straßenbahn 707, 715, Bus 834, Haltestelle Johannstraße; Bus 729, Haltestelle Hugo-Viehoff-Straße | **Öffnungszeiten** Di–Sa ab 18 Uhr, So und Mo geschlossen | **Internet** www.belgobelga.de

PREISKATEGORIE ■ ■ ■ ■

9 Berens am Kai
Reduzierte Formen

Holger Berens zog 1998 von Golzheim in den neuen Medienhafen. Sein damals futuristisch anmutendes Restaurant segelte zwar noch unter dem alten folkloristischen Namen An'ne Bell, schien aber bereits vor allen anderen Hochküchen-Konkurrenten optisch und kulinarisch im neuen Jahrtausend gelandet zu sein: bestechend klar, großzügig aufgestellt, puristisch mit viel Glas und Weiß, ohne Dekoration, aber mit weiten Blicken über die Lofts und Lagerhäuser und mit großartigen Perspektiven. Ein Restaurant wie an den Piers von London!

Als geistiger Meisterschüler von Jean-Claude Bourgueil (siehe Seite 84) und Günter Scherrer (ehemaliger Starkoch und Zeremonienmeister im Victorian, Königstraße) gab er in den Jahren des Umbruchs, vor und nach dem großen Millennium, die kulinarischen Rhythmen in Düsseldorf vor. Nach einigen Turbulenzen (Berens hatte seinen 1995 erhaltenen Stern zwischenzeitlich verloren und ihn 2007 zurückerhalten) kocht er heute mit zwei Karten – klassisch und modern. Allerdings darf man sich Berens' Klassiker nicht als wortgetreue Überlieferungen von Gerichten der althergebrachten Haute Cuisine vorstellen. Sie folgen lediglich in Zutaten und Texturen dem, was man zu kennen glaubt: zum Beispiel Gänseleber mit Sauternes-Coulis oder getrüffelter Ochsenschwanz mit Kartoffel-Mousseline. Aber auch in seinen klassischen Interpretationen ist Holger Berens immer Modernist, der seit seinen frühen Jahren den Neuerungen einer durch die Jahrzehnte vielfach variierten Nouvelle Cuisine optisch und inhaltlich gefolgt ist. Rückblickend ist das der klassische Weg.

In seinen von ihm als »modern« bezeichneten Kreationen spielen asiatische »Modernismen« eine gewisse Rolle, wie die japanische Yuzo-Zitrone, die ein Liebling der neuen Küche wurde. Hinweise auf die sehr aktuelle nordische Küche zeigen sich unter anderem bei den »wiederentdeckten« Beeren, bei Holunder und geräucherten Fischen.

Adresse Kaistraße 16, Hafen, Tel. 0211/3006750 | **ÖPNV** Bus 725, 726, Haltestelle Erftstraße / Grand Bateau | **Öffnungszeiten** Mo, Mi–Fr 12–14 und 19–22 Uhr, Sa 19–22 Uhr, Di nach Vereinbarung, So und feiertags geschlossen | **Internet** www.berensamkai.de

PREISKATEGORIE ■☐☐☐

10_ Bernstein und Inbar
Im Basislager

Feinkostgeschäfte sind selten geworden. Als mit der evolutionären Kuriosität der Yuppies in den 1980er Jahren das schnelle Essen im Stehen und aus Plastik in Mode kam und statt Speisenkarten Kalorientabellen gelesen wurden, verschwanden die alten Läden mit ihren aufregenden Spezereien und überladenen Präsentkörben.

Erst neuerdings gibt es Bemühungen, diese Basislager des guten Lebens wieder zu beleben und mit einem neuen Warensortiment zu füllen. Das Bernstein ist eines dieser modernen Feinkostgeschäfte, und wie andere seiner Art (zum Beispiel Gattogiallo, siehe Seite 72) bietet es neben handverlesenen Produkten (Wein, Pasteten, Schinken, Würste, Käse und eine besonders aufwendige Patisserie) auch täglich wechselnde Tellergerichte.

Der Mittagstisch im Bernstein ist immer zuverlässig, gut gekocht und manchmal so schön angerichtet wie in einem Handbuch für Foodstylisten. In manchen Wochen werden die Erwartungen der Esser regelmäßig übertroffen. Das liegt wie so häufig an der Lust des jeweiligen Kochs oder der Köchin, die Pfannen über den Herd tanzen zu lassen. Dann plötzlich steigt das Bernstein zur besten Mittagsadresse der Lorettostraße auf. Für relativ wenig Geld bekommt man relativ viel: Entrecote vom Kalb mit Kartoffel-Spargel-Salat für 9,90 Euro, Rotbarbe in Zitronenbutter mit Kräuter-Couscous für 9,20 Euro oder gegrilltes Auberginen-Zucchini-Gemüse mit Süßkartoffeln für 8,80 Euro – schön gewürzte und exakt gegarte Speisen, die häufig diesen leichten und so gern gegessenen Mittelmeer-Touch haben.

Die Lorettostraße ist eines der Lieblingsbiotope der digitalen Boheme. Wer sein Office hier aufklappt und sich für einen langen Arbeitstag einrichten muss (zum Frühstück gibt es sehr gute Sandwiches), kann das im Bernstein an einem großen Tisch (von den Ausmaßen dreier Schreibtische) tun und sich von den vielen Tartes und Törtchen, die das süße Leben symbolisieren, permanent inspirieren lassen.

Adresse Lorettostraße 16, Unterbilk, Tel. 0211/59828317 | **ÖPNV** Straßenbahn 704, Bus 725, Haltestelle Polizeipräsidium | **Öffnungszeiten** Mo–Fr 9–19 Uhr, Sa 10–19 Uhr, So 10–18 Uhr | **Internet** www.bernsteinundinbar.de

PREISKATEGORIE ■ □ □ □

11 Big Tuna Sashimi Bar
Unverwechselbar Hiroki

Hiroki Sugimoto sieht nicht gerade wie ein Traditionalist aus. Mit Hut und Weste, die im japanischen Viertel schnell so etwas wie sein Markenzeichen geworden sind (seine Sashimi Bar eröffnete erst im August 2014), könnte er ein Bohemien sein, ein Rapper oder Slam Poet, ein DJ aus dem »Salon des Amateurs« oder jemand, der direkt aus dem Tokioer Ausgehviertel Asakura nach Düsseldorf gekommen ist. Aufgewachsen ist er aber im Ruhrgebiet, war Herrenschneider und Musiker und wurde schließlich Koch aus Neigung und Gastronom aus der Erkenntnis, dass unter den vielen japanischen Restaurants in Düsseldorf die letzte freie Nische eine Sashimi Bar sein könnte.

An der traditionellen japanischen Gastronomie gefällt ihm die Idee der Beschränkung, die in seinen Augen vor allem eines ausdrückt: den Wunsch nach Perfektion. Sugimotos Ambition ist der perfekte Tekka Don, ein klassisches japanisches Reisgericht mit Sashimi vom Thunfisch. Don bezeichnet als Abkürzung für Donburi generell eine Mahlzeit der Alltagsküche, die im Wesentlichen nur aus einer Schale Reis besteht und mit einer »namengebenden« Zutat bedeckt wird. Dons gibt es beispielsweise mit Schweinefleisch (Butadon), Tempura (Tendon), Aal (Unadon) oder mit Eiern (Tamagodon). Sugimoto hat sich ganz auf Thunfisch spezialisiert. Neben Tekka Don, der immer mit einer sehr schönen Misosuppe serviert wird, stehen verschiedene andere Tuna-Varianten auf dem kleinen Küchenprogramm: ein gegrilltes Tunasteak mit Teriyakisauce, ein Sandwich mit frisch gekochtem Thunfisch und die sehr eigenwillige Kreation eines sogenannten Sashimi Kebabs (was Japaner ähnlich irritieren dürfte wie Türken).

Den Fisch, der aus Aquakulturen in der Nähe von Malta stammt, bezieht Sugimoto täglich aus Paris. Da man Sashimi (die rohen Filets) nur absolut frisch und makellos essen kann, bleibt die Bar am Wochenende geschlossen.

Adresse Charlottenstraße 79, Stadtmitte, Tel. 0177 / 4012372 | **ÖPNV** Straßenbahn 707, Haltestelle Klosterstraße | **Öffnungszeiten** Mo, Di, Do und Fr 12–20 Uhr, Mi und Sa 12–18 Uhr, So und feiertags geschlossen

PREISKATEGORIE ■□□□

12 Bistro Zicke
Tage wie diese

Die Zicke hat sich irgendwann selbst unter Denkmalschutz gestellt. Es wird nichts mehr verändert. Die Kunstplakate zeigen noch die Jahre, in denen sie geklebt wurden, früh in den 80ern, Immendorff, Uecker und der beeindruckend große Picasso hinter der Kaffeemaschine. Matisse und Malevitch. Auch deshalb war die Zicke immer auch das Lieblingscafé talentierter Kunsterzieher. Hinzu kam der ganze Lebensstil der Mallorca-Reisenden, die hier von ihren spottbilligen Fincas und von den Nächten in Las Palmas erzählten, dem großartigen Hinterland und den Geheimnissen einer richtigen Paella. Alles war Kunst.

Auch die Decke ist beklebt. In den schönen Jahren vor den hysterischen Rauchergesetzen dunkelten sie nikotingelb nach. Die Zeit verging damals viel zu schnell. Nun verblassen die Plakate wieder. Die Zeit läuft rückwärts. Auch viele Gäste verblassen, aber nur langsam; sie sind etwas faltiger, ein bisschen schlechter zu Fuß, mit müden Augen – man hat einfach zu viel gesehen – und weniger Haaren, aber gelegentlich noch mit dem Hochmut der ersten Aussteiger und Freelancer. Die Zicke war immer auch ein Lieblingscafé unkonventioneller Werber, Fotografen, Filmer, Dichter und Buchhändlerinnen. Noch immer liest man »Spiegel« und »Zeit«.

Und mittendrin: jede Menge junger Menschen, die diese unverwechselbare alte Gauloise-Werbeatmosphäre großartig finden und noch alle Zeit der Welt vor sich haben und natürlich nicht wissen können, dass in diesen schönsten Düsseldorfer Bistroräumen einmal das Restaurant Savarin war, eines der ambitioniertesten französischen Restaurants. Neuerdings erinnert die aktuelle Küche der Zicke wieder daran. Natürlich gibt es keine französische Hochküche. Aber 20 offene Weine. Und eine in allen Details außerordentlich gut gemachte, frisch zubereitete (zum Beispiel Erbsencremesuppe und mit grünem Spargel gefüllte Hähnchenbrust an einer Senfsahnesauce), absolut überzeugende Bistroküche.

Adresse Bäckerstraße 5a / Ecke Citadellstraße, Carlstadt, Tel. 0211/327800 | **ÖPNV** Straßenbahnen 704, 709, 719, Haltestellen Poststraße und Landtag/Kniebrücke; Bus 726, Haltestelle Alter Hafen | **Öffnungszeiten** täglich 9–1 Uhr | **Internet** www.bistro-zicke.de

PREISKATEGORIE ■■□□

13 Brand's Jupp
Nicht nur sonntags

Die glorreichen Zeiten sind natürlich längst vorbei. Aber drei antiquarische, sogenannte Künstlerzimmer erinnern noch immer in ihrer ganzen Pracht daran, dass hier vor einigen Jahrzehnten die niederrheinischen Maler Max Clarenbach, Robert Gessner und Hans Vilz ihre heimatverbundenen Stammtische hatten. Ihre Bilder und die ihrer Freunde und Schüler kann man in Brand's Jupp auch heute noch kaufen. Wittlaer Bürger bringen, was sie gern an anderen Wänden sähen. Aber nicht nur deshalb hat dieses Restaurant etwas Museales. Auch die Einrichtung ist teils noch original aus der alten Zeit. Andere Prachtmöbel im großen Speiseraum repräsentieren den Geschmack am gedrechselten Historismus, den die Bundesrepublik der Wirtschaftswunderjahre hatte. Wenn man Brand's Jupp zum ersten Mal betritt, glaubt man sich zurück in dieser späten Adenauer- und-Erhard-Zeit, als an den Tischen fleißig flambiert und so gegessen wurde, als sei alle Tage Sonntag.

Natürlich ist es fraglich, ob den jungen Leuten, die dieses Restaurant seit einigen Jahren betreiben, die Optik und das Flair der alten Tage in jedem Detail zusagt. Ändern dürfen sie hier nichts, und der Koch, Tobias Havenstein, versucht möglichst exakt seine Küche den Erwartungen anzupassen, die alte Stammgäste und Wiederkehrer haben. Es gibt also eine ganz solide Sonntagsküche – Braten und Überbackenes, klare und deftige Suppen, Essenzen und feines Gemüse. »Früher haben wir hier viel gefeiert«, sagt jemand am Nebentisch, der nach Jahren wieder in das Restaurant kommt. »Das waren tolle Zeiten. Hier war immer viel los.«

Auf der großen Terrasse, ein Biergarten mit sehr »entferntem« Rheinblick, ist an schönen Tagen noch immer viel los. Eine Menge Wanderer und Radfahrer setzen sich hier fest, und deshalb gibt es neben der guten bürgerlichen Küche auch eine schnelle und ganz unkomplizierte Ausflugsküche mit Flammkuchen und Himbeereis.

Adresse Kalkstraße 49, Wittlaer, Tel. 0211/404040 | **ÖPNV** U 79, Haltestelle Wittlaer; Bus 760, Haltestelle Rheinweg | **Öffnungszeiten** Mo, Mi–So 12–22 Uhr, Di geschlossen | **Internet** www.brandsjupp.de

PREISKATEGORIE ■■□□

14 Brasserie Hülsmann

Robert ist hier alles

Nach Roberts Restaurant und Roberts Bistro gibt es nun auch Roberts Brasserie. Sie heißt zwar nicht so, aber sie ist es. »Robert ist hier alles«, sagt Astrid Hülsmann. Damit sind Geist, Ideen und Zuverlässigkeit ihres Exmannes gemeint und auch sein sicheres Gefühl für das, was Traditionalisten gern auf den Tellern haben.

Die Geheimnisse seiner Brasserie-Küche hat Robert Hülsmann in einem schönen und hilfreichen Kochbuch mittlerweile publik gemacht. Seit 30 Jahren kann man diesen Geheimnissen, die offen auf den Tischen liegen, in seinen Restaurants und Bistros nachessen. Die Oberkasseler Feinschmecker-Schickeria hatte nach Erscheinen des bunten Buches eine Zeit lang nur noch Hülsmann im Kopf.

Dabei ist Hülsmann, den alle distanzlos Robert nennen, bis heute eine Art Antiheld der Düsseldorfer Gastroszene, der letzte Küchen-Hippie, der sich aus Hypes, Moden, bepunkteten Kochmützen, goldenen Kochlöffeln, Fernsehklamauk und Michelin-Sternen nichts macht. Dennoch ist er in der lokalen Küchenszene so einflussreich wie sonst nur Sterne-Koch Jean-Claude Bourgueil. Hülsmann schuf die Düsseldorfer Bistrolandschaft, wie wir sie heute kennen, und wies vielen jungen Köchen den offenen und ehrlichen Weg zum Erfolg. Entsprechend wird er von vielen verehrt und bewundert, auch wegen seines unkonventionellen Lebensstils. Hülsmann steht in dem respektablen Ruf, nur zu tun, was er selbst für richtig hält.

Wer Roberts Bistro (siehe Seite 160) im Hafen kennt, findet sich in der Brasserie schnell zurecht. Viele zuverlässige Bistro-Klassiker stehen auch auf der Brasserie-Karte: Brotsalat und Kalbskopf, Entenconfit, Markknochen mit Pilzen, Stockfischpüree, Choucroute und Andouillette, die gewöhnungsbedürftige Innereienwurst. Hülsmann wurstet nach wie vor selbst. Damit schafft er ein Fundament seiner wenig geheimnisvollen Küche, das praktisch durch nichts erschüttert werden kann.

Adresse Belsenplatz 1, Oberkassel, Tel. 0211/86399330 | **ÖPNV** U 70, U 74, U 75, U 76, U 77, Bus 828, 833, 834, 835, 836, Haltestelle Belsenplatz | **Öffnungszeiten** Di–Sa 12–24 Uhr, Küche bis 22.30 Uhr, So, Mo und feiertags geschlossen | **Internet** www.brasserie-huelsmann.de

PREISKATEGORIE ■■■□

15 Brasserie Stadthaus
Missing Link

Kommen Brasserien jetzt in Mode? Lange gab es in Düsseldorf keine. Was insofern immer erstaunlich war, da alle Spielarten französischer Bistros, Cafés und Restaurants in Düsseldorf eine sehr lange und meist auch dauerhaft erfolgreiche Tradition haben. Wer feinschmeckerisch hoch hinaus oder gemütlich intellektuell sein wollte, machte es immer französisch. Brasserien fehlten. Das liegt vielleicht an der rheinischen Spielart der Brasserien, den Brauhäusern. Wirklich vergleichen kann man sie aber nicht. Französische Brasserien wie die berühmten in Bordeaux, Lyon und Paris sind immer auch Treffpunkte einer ambitionierten, gut gepolsterten Mittelschicht gewesen, mit meist gehobener und manchmal auch besternter Küche.

Nach der Brasserie Hülsmann in Oberkassel eröffnete nun im alten Stadthaus die gleichnamige Brasserie. Dort, im ehemaligen Jesuitenkloster, ist auch das nagelneue Luxushotel De Medici (benannt nach Anna de Medici, die mit Kurfürst Johann Wilhelm verheiratet war) untergebracht. Dessen Klientel – und die erwarteten potenten Neumieter des ehemaligen Amtsgerichts gegenüber – dürfte(n) auch die Zielgruppe der Brasserie Stadthaus sein. Sie ist eine schöne und gelungene, vor allem sehr gediegene Brasserie, die bereits bei ihrer Eröffnung so aussah, als sei sie schon immer gastronomischer Teil dieses historischen Ensembles neben der Andreaskirche gewesen.

Diese fast beiläufige Selbstverständlichkeit wird durch die zuverlässigen, sehr angenehm, aber nicht spektakulär zubereiteten Speisen unterstützt. Moderne Brasserie-Küche, eher leicht als schwer und gelegentlich wechselnd, in einer durchgängig auf Französisch formulierten Karte: etwa Pâté du jour, Tête de veau, Escargots, Coq au vin, Petite marmite, Mousse au chocolat. Und natürlich les huîtres (Austern)! Fines de Claires und Gillardeau. Düsseldorferischer geht's nicht mehr!

Adresse Mühlenstraße 31, Altstadt, Tel. 0211/16092815 | **ÖPNV** U 70, U 74, U 75, U 76, U 77, U 78, U 79, Straßenbahn 701, 703, 706, 712, 713, 715, Bus 780, 782, 785, SB 50, Haltestelle Heinrich-Heine-Allee | **Öffnungszeiten** Mo 18–22.30 Uhr, Di–Sa 12–14.30 und 18–22.30 Uhr, So und feiertags geschlossen | **Internet** www.brasserie-stadthaus.de

PREISKATEGORIE ■ □ □ □

16 Brauerei Schumacher
Kennt jeder!

Dieser Text ist für Nicht-Düsseldorfer geschrieben. Denn in Düsseldorf gibt es sehr wahrscheinlich nur ganz wenige Leute, die nicht irgendwann im Schumacher getrunken und gegessen haben. Seit 1838, als Matthias Schumacher sein erstes Gasthaus »Zum Sonnenaufgang« in der Citadellstraße eröffnete, gehört Schumacher zum festen Inventar der Stadt. Als eines der allerletzten seiner Art steht Schumacher heute für das Wahre, Echte und Schöne rheinischer Brauhaustradition (Kasseler, Sauerbraten, Reibekuchen). Das gefällt nicht nur alteingesessenen Düsseldorfern, für die es immer schwieriger wird, geeignete Biotope und Reservate zu finden, die ihnen ein angemessenes Überleben außerhalb der eigenen vier Wände ermöglichen. Während der heiligen Messetage (und das sind in satten Jahren etwa 100) wird das Schumacher abendlich durchreserviert. Wer einen Tisch hat, gibt ihn für gewöhnlich erst wieder frei, wenn der Zapfhahn aus dem letzten Fass gezogen ist.

An allen Tischen hantieren bis dahin aufgeregte Geschäftsleute, die von ihren Abschlüssen, Beutezügen und Triumphen begeistert sind. Männer in abendlicher Bestform. Besonders japanische Geschäftsleute haben am Schumacher und seinen Haxen einen Narren gefressen. Sie schicken pausenlos Haxen-Selfies an die Daheimgebliebenen, und man darf vermuten, dass die ihren Augen nicht trauen: dicke, fette, knusprig braune, dampfende Haxen mit herausragenden Knochen, die noch ganz das Tier erkennen lassen, rundum teutonisch belegt mit Bratkartoffeln, Sauerkraut und Sahnepüree. Auf »Schumachers Hausbrett« wird die Haxe noch von einigen Würsten begleitet und kommt nur auf den Tisch, was einigermaßen beeindruckend ist, wenn sich vier Leute gleichzeitig finden, die sich an das Hausbrett wagen.

Während der langen Vorweihnachtszeit, die meist schon im Spätsommer beginnt, ist das Schumacher einer der lautesten Orte für besinnliche Feiern.

Adresse Oststraße 123, Stadtmitte, Tel. 0211/8289020 | **ÖPNV** U 70, U 74, U 75, U 76, U 77, U 78, U 79, Straßenbahn 701, Haltestelle Steinstraße/Königsallee | **Öffnungszeiten** Mo–Do und So 10–24 Uhr, Fr, Sa und vor Feiertagen 10–1 Uhr | **Internet** www.schumacher-alt.de

PREISKATEGORIE ■■□□

17 Brauerei Zum Schiffchen
Beim Bier mit Napoleon

Irgendwo muss er ja gesessen haben. Denn es ist schlecht vorstellbar, dass Napoleon Bonaparte, Kaiser der Franzosen und der größte Feldherr seiner Zeit, am Tresen stand, als er das Schiffchen besuchte. Außerdem hätte man ihn dort übersehen, denn Napoleon war sehr klein. Die Kellner wissen bis heute, wo der Mann, dem Düsseldorf den schmeichelhaften Beinamen »Klein-Paris« verdankt, 1811 mit seinen Generälen aß und trank. Seine Büste bezeichnet schließlich exakt die Stelle, und manche Köbesse können das mit einer rheinischen Bestimmtheit sagen, als hätten sie ihn gestern noch selbst bedient.

In seiner Begleitung wird auch sein engster Vertrauter und Adjutant gewesen sein, Marschall Duroc, der zwei Jahre später in der Schlacht von Bautzen fiel. Dass es heute im Schiffchen Kassler und paniertes Kotelett vom thüringischen Duroc-Schwein gibt, hätte Napoleon sicher gefallen. Er liebte Denkmäler, die an ihn und seine Große Armee erinnern.

Die deutsch-französischen Verbindungen sind in diesem ältesten Brauhaus Düsseldorfs von 1628, das heute allerdings nur ein Ausschank ist, jedenfalls sehr vielfältig: Elsässer Schalottencreme, Schwarzwurzelsalat mit Trüffelvinaigrette (zum Kassler), Kartoffel-Lauch-Kuchen, der in Frankreich Quiche heißt, Entrecote »Café de Paris«. Das Ochsenschwanzragout wird urfranzösisch in Rotwein so lange geschmort, bis es vom Knorpel fällt. Das beste und mittlerweile bekannteste Gericht im Schiffchen. Die niederrheinische Seite der Speisekarte wird ausnahmslos durch Klassiker aus der kollektiven Erbmasse besetzt, die Rheinländer für gewöhnlich schon mit der Muttermilch einsaugen: Rheinisches Stielmus, Rheinischer Sauerbraten, Rheinischer Heringsstipp, Himmel un Ähd und Kalbsnieren in Düsseldorfer Senfsauce.

Nirgendwo kann man Regionalküche düsseldorfhistorischer essen als im Schiffchen.

Adresse Hafenstraße 5, Altstadt, Tel. 0211/132421 | **ÖPNV** Bus 726, Haltestelle Maxplatz | **Öffnungszeiten** täglich 11.30 – 24 Uhr, Küche bis 22.30 Uhr | **Internet** www.brauerei-zum-schiffchen.de

PREISKATEGORIE ■■■□

18 Café de Bretagne
Muscheln, noch mehr Muscheln

Ein wenig erinnert das Café, das mehr ein Restaurant als ein Café ist, noch immer an die alte Marktwirtschaft. Wo früher stadtbekannte Trinker, Werber, Musiker, Künstler und Alleinunterhalter dicht gedrängt und brüllend laut die Deckel rundmachten, genießen heute Muschel-Maniacs vor eisgekühlten Etageren. Sieht man einmal von Patrick's Seafood No. 1 im Hafen ab, ist das Café de Bretagne die zuverlässigste Adresse für Muscheln und Krustentiere in Düsseldorf. Nur makellose Ware, nicht gerade billig, aber durchaus angemessen. Gute Ware kostet eben gutes Geld. Deshalb bohrt sich die »Panaché Café de Bretagne«, gewissermaßen der essbare Hauptakt dieses Restaurants, gleich mit 72,50 Euro ins Portemonnaie, scharf kalkuliert. Dafür gibt es aber Hummer, Crevetten, Langusten, Austern und Muscheln in einem großen Zusammenspiel und gerade so viel, wie ein ausgewachsener Mensch vertragen und ein Connaisseur bewundernd essen kann. Wer aber dennoch Taschenkrebs und Wellhornschnecken obendrauf möchte, zahlt 89 Euro.

Die »Asiette de l'écallier« ist bei halbem Preis der »einfachen« Panaché nur halb besetzt, und wer es ganz vorsichtig angehen lassen möchte, ist mit einem »Cassoulet« genannten Angebot sehr gut bedient: Hier gibt es nur eine Handvoll bildschöner Muscheln – Amandes, Clams, Couteaux und Praires (Samt-, Sandklaff-, Schwert- und Herzmuscheln). Die Muscheln stammen von berühmten Muschelbänken aus Atlantik und Ärmelkanal, die Schalentiere, vom Bretonischen Hummer abgesehen, aus Übersee. Man kann sie hier auch nach Stück oder Gewicht berechnet kaufen, zum Mitnehmen, ebenso Weine und bretonische Spezialitäten in Dose und Glas.

Da es aber eben doch ein Café ist, wird freitags und samstags auch Frühstück angeboten: mit bretonischen Marmeladen oder/und geräuchertem Lachs, Crevetten, Entenleberpastete und auch mit Champagner.

Adresse Benrather Straße 7/Ecke Bilker Straße, Carlstadt, Tel. 0211/56940775 | **ÖPNV** Bus 726, Haltestelle Maxplatz | **Öffnungszeiten** Di–Do 11–22 Uhr, Fr und Sa 10–23 Uhr, So 12–21 Uhr, Mo geschlossen | **Internet** www.cafe-de-bretagne.de

PREISKATEGORIE ■□□□

19__Clube Português
Der Che und die Heiligen

Das Ambiente ist die Seele der Dinge, hatte der portugiesische Dichter Fernando Pessoa in seinem »Buch der Unruhe« geschrieben. Über seinen nächtlichen Notizen wird ihm vielleicht ein Restaurant wie das Clube Português vorgeschwebt sein, eine Kneipe der Erinnerungen, ein Musée Sentimental, in dem sich findet, was die Zeit und die Trödelmärkte aufbewahren. Das Clube hat Seele bis zur Decke. Hirschgeweihe und Heilige, Madonnen, Pokale, Fotos von Fußballgöttern und Christusfiguren, Rosenkränze und Reklameschilder; und neben einem Werbeplakat für Schmerzmittel und dem Andenkenkeller von Havannas berühmter Prominenten-Bar »La Bodeguita del Medio« das berühmteste Gesicht der kubanischen Revolution, gleich ein Dutzend Mal: Ernesto Che Guevara, der im Clube – und von einem seiner drei Chefs besonders – verehrt wird wie das gute Essen.

Die Portionen sind gewaltig. Und da beim besten Willen nicht immer zu schaffen ist, was man gern essen möchte, werden die Reste in Schachteln verpackt und dem Gast für den nächsten Tag mitgegeben. Das ist praktisch und schont das Budget. Auch deshalb ist das Clube abends meistens, am Wochenende immer voll, und ohne Reservierung ist nichts zu machen. Portugiesisch pur sind die Fischgerichte, und wer noch nie gegrillten Stockfisch auf portugiesische Art aß, sollte sich hier diesem irritierenden Geschmack hingeben. Stockfisch ist die kulinarische Erkennungsmelodie Portugals. Ebenfalls von kulinarischem Seltenheitswert ist ein mächtiger Eintopf aus Muscheln und Schweinefleisch, für den die Kellnerin eine gewisse Kondition empfiehlt.

Das Clube gibt es seit zehn Jahren. Davor war es eine der letzten Arbeiterkneipen in Lierenfeld, an der Ecke zum ehemaligen Hausbesetzerschlachtfeld Kiefernstraße. Und da es in Lierenfeld tatsächlich noch echte Arbeiter gibt, sind die Preise mittags wie in Portugal: zwischen 6,50 Euro und 8,50 Euro.

Adresse Erkrather Straße 197, Flingern, Tel. 0211/7705077 | **ÖPNV** U 75, Straßenbahn 706, Bus 725, 738, Haltestelle Kettwiger Straße | **Öffnungszeiten** täglich 12–24 Uhr, Küche Mo–Sa 12–15 und 18–22.45 Uhr, So 12–21.45 Uhr | **Internet** www.clube-portugues.de

PREISKATEGORIE ■ ■ ◻ ◻

20 Devona
Brot und Salz

Lange war dieses kleine Restaurant einer der vielen Geheimtipps in Derendorf/Pempelfort. Kleine Restaurants profitieren oft von dieser unüberhörbar marktschreierischen Unterstellung, echte Geheimtipps zu sein. Manchmal geht das über Jahre, und das Devona war schließlich so bekannt, dass es vor allem abends sehr schwierig wurde, einen Tisch zu bekommen.

Mittlerweile hat sich die Nachfrage zumindest etwas beruhigt, was natürlich auch daran liegt, dass es wieder neue und andere Geheimtipps gibt. Aber das schlichte Lokal gilt noch immer jenen als kulinarischer Volltreffer, die Brot, Öl und Salz als archaischen und wahrhaftigen Ausgangspunkt für einen italienischen Abend schätzen. Die Gerichte sind einfach, fast puristisch strukturiert. Klare Linien beispielsweise beim Filet von Goldbrasse (Dorade Royal) und Kalbsschnitzel (Scaloppa): kurz angebraten, mit einem Schuss Weißwein abgelöscht und mit etwas Zitrone abgeschmeckt. Fertig!

Die Teller werden in der Küche individuell mit dem Namen des Restaurants beschrieben, mit einer reduzierten Balsamico-Tinktur: Das zumindest schützt vor eventuellen Verwechslungen und ist vielleicht als wörtliche Übernahme der »signature dishes« großer Köche gemeint. Taglierini (das sind dünne Tagliatelle) und Fiocchi (wenn sie von Hand gemacht sind, sehen sie wie kleine Teigbeutel aus) werden beide mit einer Gorgonzolasauce bedacht, was die Auswahl erleichtert.

Die Neigung der Küche, sich selbst in der gewählten Spur zu halten, zeigt sich auch bei der Verwendung des gastronomischen Wunderkrauts Rucola. Die gute alte Senfrauke (die man als Segen oder Fluch der italienischen Küche begreifen kann: so wie sie früher an allen Wegen wild wuchs, wuchert sie seit Jahren in den Küchen) wird in drei kleinen Gerichten zu Gebratenem serviert: Rucola zu Ziegenkäse, Rucola zu Kalbsleber und Rucola zu Oktopus.

Adresse Schwerinstraße 13, Pempelfort, Tel. 0211/4957318 | **ÖPNV** Straßenbahn 701, 707, 715, Bus 722, Haltestelle Venloer Straße | **Öffnungszeiten** Di–Do 18–23 Uhr, Fr–So 12–15 und 18–23 Uhr, Mo geschlossen | **Internet** www.devona.de

PREISKATEGORIE ■■□□

21 Don Sancillo
Essen nach Maß

Das hört sich wichtig und bedeutsam an: Don Sancillo. Man assoziiert diese wunderbar alten Italiener, die Signori, in tadellosen Maßanzügen, im Halbschatten sitzend, Männer mit Geschichte und Einfluss, deren Worte auch deshalb wichtig sind, weil sie wissen, wie das Leben funktioniert. Vor ihnen dampft ein Teller Spaghetti, duften Parmesan und Parmaschinken, und der Wein ist rot wie Blut. Im Sancillo kann man natürlich all das haben.

Auch wenn die italienische Küche mittlerweile im Ruf einer übertriebenen und vor allem gastronomisch gern kalkulierten Einfachheit steht: Sie wirkt auch heute noch im Wesentlichen durch geschmackliche Zuverlässigkeit. Mit den italienischen Originalzutaten ist es ein wenig wie mit den Karten im Tarot – sie passen immer!

Don Sancillo gehört zweifellos zu den besten italienischen Restaurants in Düsseldorf. Und wie so oft ist das, was gefällt, nicht das Ergebnis großer Geheimniskrämerei (auch wenn die große Mamma-Saga gern erzählt wird), sondern das Resultat solider Fähigkeiten. Die Gerichte sind auf den Punkt gekocht, gebraten und geschmort, die Produkte sind nicht spektakulär, aber zuverlässig wie über Bronze gezogene Pasta. Und die Köche übertreiben es nicht, wenn sie Kräuter und Gewürze in die Töpfe geben.

Für scharf kalkulierte 25 Euro darf man nicht zu viel erwarten. Aber mit einem Vier-Gänge-Menü zu diesem Preis (eventuell mit Steinpilzcremesuppe, Pasta, Rinderschmorbraten und Tiramisu oder Vitello tonnato, getrüffelten Nudeln mit Pilzen, Fischen vom Grill und Pannacotta) dürfte Don Sancillo absolut konkurrenzlos sein. Er zeigt natürlich, dass es geht – auch wenn es andere nicht tun. Und man fragt sich essend, warum man sich in anderen Restaurants bereits an einen Preis gewöhnt hat, der bei vergleichbaren Angeboten knapp unter 40 Euro liegt. Kleine, zweigängige Mittagsmenüs für die vielen Angestellten in Hafennähe gibt es schon für knapp 10 Euro.

Adresse Neusser Straße 43, Unterbilk, Tel. 0211/30329998 | **ÖPNV** Straßenbahn 704, 709, 719, Bus 725, 726, Haltestelle Stadttor | **Öffnungszeiten** Mo–Fr 12–15 und 18–23 Uhr, Sa 18–23 Uhr, So geschlossen | **Internet** www.donsancillo.de

PREISKATEGORIE ■■□□

22__Dorfschänke
Mit Eierlikör

Dass Düsseldorf eigentlich noch immer ein Dorf ist, wird gern behauptet. Das liegt vor allem daran, dass man an jeder Ecke jemanden trifft, den man kennt. Aber richtig dörfliche Überreste haben sich außer in einigen Köpfen und in manchen politischen Entscheidungen nur in wenigen Stadtteilen erhalten. Niederkassel ist so ein selten gewordenes Restdorf im eigentlichen Stadtdorf. Hier gibt es sogar noch eine modernisierte Dorfschänke, in Alt-Niederkassel, der historischen Dorfstraße, nicht weit entfernt vom stadtbekannten Meuser (siehe Seite 122).

Aber die Dorfschänke wäre nicht echt düsseldorferisch, wenn hier nicht doch ein paar makellos gekleidete Spekulanten bei Sauerbraten oder Leberkäse (mit Bio-Spiegeleiern) säßen, die gerade den letzten Acker mit Loft-Scheune an einen kunstbesessenen Zahnarzt verhökert haben. Radfahrer mit irrsinnig luxuriösen und auf Hochglanz polierten Freizeiträdern entspannen im Biergarten. Cabrios driften im Schritttempo neugierig vorbei, dicke SUVs holpern Richtung Off-Road nach Norden (es gibt noch die letzten Feldwege in Niederkassel!) und duften nach Chanel. Man hupt, winkt und klingelt in den Biergarten hinein. Aus dem wird unter vom Sturm »Ela« gestutzten Altkastanien zurückgeprostet und hinterhergesimst.

Dass die Dorfschänke von Slow Food empfohlen wird, liegt nicht nur an den Bio-Eiern und der beliebten Eierlikör-Mousse, die hier natürlich auch bio ist. Es wird ganz allgemein viel Wert auf Regionalprodukte und ihre authentische Zubereitung gelegt. Das ist für »Weetschaften«, in denen für gewöhnlich gern mit kennzeichnungspflichtiger Eimerware wie im Chemielabor gewerkelt wird, nicht selbstverständlich. Eines der urrheinischsten Gerichte, das kindheitsbeseelte Muurejubbel (Möhren untereinander; mit Kartoffelstampf und Bratwurst), kann man in der Dorfschänke in unverfälschter und selten gewordener Bestform essen.

Adresse Alt-Niederkassel 49, Niederkassel, Tel. 0211/570732 | **ÖPNV** Bus 833, Haltestelle Heinsbergstraße | **Öffnungszeiten** Mo–Fr 11.30–23 Uhr, Sa, So und feiertags 11–23 Uhr | **Internet** www.dorfschaenke-niederkassel.de

PREISKATEGORIE ■■■□

23_ D'Vine
Teller der Begierde

Am günstigsten steht man sich, wenn man die Menü-Möglichkeiten komplett durchisst: zehn Gänge für 119 Euro. Dafür bekommt man vier Vorspeisen (zum Beispiel Sashimi von der Gelbschwanzmakrele, Gänseleberterrine mit Räucheraal und Altbierkaramell; Rinderconsommé und Kaviar; Kaisergranat mit Hummus und Gewürzjoghurt), drei Hauptgerichte (Schweinebauch, 36 Stunden bei 68 Grad gegart; geangelter St. Pierre und Oktopus mit Risotto; Kapaun aus der Bresse mit Zwiebelragout und Schwarzwurzelgemüse), einmal Käse (vom landesweit bekannten Affineur Waltmann) und zwei Desserts (Sorbet, Schaum und Crisp von Himbeere und Rhabarber, Creme und Eis von Citrusfrüchten mit weißer Schokolade). Schafft natürlich niemand und hat vermutlich auch noch niemand versucht, auch wenn es einen Versuch wert wäre. Normale Esser steigen deshalb für gewöhnlich zweigängig mit 39 Euro ein und zahlen für jeden weiteren Gang 10 Euro. Das ist ein praktikables und faires Angebot, das einem viele schöne Entdeckungen ermöglicht.

Wie man aus der Kurzbeschreibung der Menü-Varianten entnehmen kann, ist die Küche des D'Vine außergewöhnlich ambitioniert, kulinarisch nicht nur auf der Höhe, sondern auch voll in der Zeit und vielleicht mit Hochgeschwindigkeit sogar auf Sternekurs. In der langen Ausgeh-Achse Neusser-Loretto-Martinstraße agiert das Lokal jedenfalls als einziger Konkurrent auf Augenhöhe mit dem Sternerestaurant Schorn (siehe Seite 174).

Wer nicht kombinieren und kein Menü essen möchte, kann sich auch à la carte bescheiden: beispielsweise mit einer ausgezeichneten Fischsuppe oder mit dem besten Wiener Schnitzel in Düsseldorf, das es echt wienerisch mit Kartoffel-Gurken-Salat gibt.

Das Restaurant ist auch eine Wein-Bar. Die Karte benennt etwa 330 internationale Positionen, 20 davon werden glasweise ausgeschenkt. Die meisten Flaschenweine werden auch außer Haus, zum Mitnehmen, verkauft.

Adresse Lorettostraße 23, Unterbilk, Tel. 0211/54357428 | **ÖPNV** Straßenbahn 704, Bus 725, Haltestelle Polizeipräsidium | **Öffnungszeiten** Mo–Fr 12–15 und 18–24 Uhr, Sa 18–24 Uhr, Küche bis 22.30 Uhr, So geschlossen | **Internet** www.d-vine.de

PREISKATEGORIE ■□□□

24_ El Ömmes

Kommt einem spanisch vor …

Vollständig heißt das Lokal »Lorenzos El Ömmes – Spanische tapas, vinos y mas-Bar«. Das versteht man im Rheinland auf Anhieb. Das altrheinische Ömmes setzt dagegen schon mundartliche Kenntnisse voraus. So ungefähr kann man »Ömmes« mit »der (überraschend, ungewöhnlich) Dicke, Große« übersetzen, jedenfalls ist Ömmes immer einer, der zumindest optisch und in seinen Ausmaßen aus dem Rahmen fällt. Das Rheinische an dieser Bar ist auch, dass sie eigentlich keine Bar ist, sondern eine Kneipe, allerdings spanisch beflaggt und spanisch beschallt. Der Mann hinter der Theke ruft spanischdeutsch in die Küche hinein, aus der Küche wird spanisch geantwortet, und auch die Kellnerinnen und Gäste verstehen das Wichtigste in beiden Sprachen – und bezeugen gern, dass es hier genauso wie in Las Palmas und Ibiza-Stadt schmeckt, den beiden bekannten und südlichsten Vororten von Düsseldorf. El Ömmes ist also eine authentische rheinische Mischung aus Urlaub und Freizeit.

Trotz des ansprechenden Weinangebots (vinos) wird gern und typisch Bier zu den vielen Tapas getrunken, die nur selten etwas mit Gurke, Frikadelle, Solei, Käse- und Schinkenbrötchen in den Brauhäusern zu tun haben, die dort neuerdings auch rheinische Tapas genannt werden. Im Ömmes gibt es mehr oder weniger original spanische Tapas, allerdings eher die einfach zubereiteten und robusten, also die kneipenkompatiblen. Von den etwa 300 in Spanien bekannten Tapas und Aperitivos steht also nur ein kleiner Teil auf der Karte und vor allem der, der den rheinischen Geschmack ziemlich genau trifft: Manchego, Salchichon, Chorizo, Sardellenfilets, frittierte Kartoffeln mit Rosmarin, Gambas, Tintenfische und Sepia, »Piementos (Paprika) de Padrón« und die sehr beliebten Albondigas (Hackfleischbällchen in Tomatensauce) – alles gut durchgesalzen und von lange nachwirkenden Knoblauchsaucen (y mas) begleitet.

Adresse Wielandstraße 37/Ecke Adlerstraße, Pempelfort, Tel. 0211/571914 | **ÖPNV** Straßenbahn 703, 704, 712, 713, Bus 721, 722, 737, Haltestelle Pempelforter Straße | **Öffnungszeiten** Mo–Do 18–23.30 Uhr, Fr–Sa 18–24 Uhr, So und feiertags geschlossen | **Internet** www.el-oemmes.de

PREISKATEGORIE ■■□□

25 Em Brass
Steile Weine

Das Em Brass hatte, auch als es noch unter anderem Namen in den kulinarisch wechselhaften Winden der Moltkestraße segelte, immer gute und in der Szene stadtbekannte Köche. Jetzt kochen hier Sven Aschebrock (dem der Laden gehört) und Felix Marzok. Volker Zimmermann, gastrosophischer Anthropologe und ehemaliger Inhaber des Goldenen Einhorns (für die aktuelle Generation der Vorruheständler, die auf der Ratinger Straße sozialisiert wurden, eine der prägendsten Altstadt-Kneipen), macht die Tische.

Wer mit einer Zange (die natürlich mitserviert wird) umgehen kann, sollte den Taschenkrebs mit Garnelenbällchen und einem Limetten-Koriander-Dip probieren. Allein wegen des Dips (einer subtilen Vinaigrette auf Limettenbasis) lohnt der Krebs.

Aschebrocks und Marzoks Einsteiger sind häufig asiatisch eingefärbt wie der »vietnamesische« Rindfleischsalat, das Lachstatar mit Misopaste auf Reispapier oder der Rotkohl-Ingwer-Salat mit gebratener Sepia. Bei den Hauptspeisen orientieren sich die Köche eher mittel- und südeuropäisch, immer treffsicher auf den Punkt gegart und in aktualisierter Post-Nouvelle-Cuisine-Form, leicht, aromatisch und eindeutig im Geschmack: Hirschgulasch mit Haselnuss-Spätzle, Heilbutt auf geschmortem Gemüse in Safransud, sizilianische Reisbällchen mit Mozzarella gefüllt, Entrecote auf Spaghetti A.O.P., also *con aglio e olio e peperoncini.*

Die Vorspeisen passen besonders gut zu den vielen trocken ausgebauten Weißweinen, die auf der Karte stehen (insgesamt geschätzte 100 Positionen, rot und weiß, aus verschiedenen europäischen Ländern). Die Em-Brass-Leute sitzen ihren »Hauswinzern« manchmal tagelang auf dem Schoß, um herauszufinden, was Neues und Gutes in die Flaschen kommt. Wer das geografisch Besondere möchte, kann im Em Brass einen Mosel-Riesling (Weingut Kilian Franzen) vom Bremmer Calmont trinken, dem steilsten Weinberg Europas.

Adresse Moltkestraße 122, Pempelfort, Tel. 0211/36183617 | **ÖPNV** Straßenbahn 706, Haltestelle Tußmannstraße | **Öffnungszeiten** täglich ab 18 Uhr, Küche Mo–Sa bis 23 Uhr, So bis 22 Uhr

PREISKATEGORIE ■■■■

26 __ Enzo im Schiffchen
Typisch italienisch

Das einzige italienische Restaurant in Düsseldorf, das einen Michelin-Stern hat, ist tief in seinem Herzen ein französisches. Jean-Claude Bourgueil, ehemaliger Drei-Sterne-Koch und damit Mitglied der weltweit nobelsten Tafelrunde exzellenter Köche, gibt den Italiener. Unterstützt von einer jungen, ständig wechselnden und international besetzten Küchenmannschaft, kocht er für sein französisches Zwei-Sterne-Restaurant »Im Schiffchen« (siehe Seite 84) oben in der ersten Etage und gleichzeitig für das italienische Enzo unten. Benannt ist das Enzo nach Enzo Caso, dem Mann, der die Tische macht.

Das maritime Dekor im Enzo erinnert noch daran, dass in diesem Raum das Ur-Schiffchen zu Hause war, bevor Bourgueil daraus den Aalschokker schuf, aus dem einige Jahre später Jean-Claude's wurde, ein sterneleuchtendes Crossover-Edelbistro. Mit dem ebenfalls besternten Aalschokker hatte der Meisterkoch eine Art kulinarischer Missionsstation für die Regionalküche im Rheinland unterhalten. Hier entstand eines der besten Kochbücher zur deutschen Küche, dem Bourgueil den hoffnungsvollen, leider nicht ganz realistischen Titel »Typisch deutsch« gab. Im Aalschokker konnte man erfahren, wie deutsche Küche von ihrem Potenzial her schmecken kann, wenn sie entsprechend anspruchsvoll aus den konventionellen Anbiederungen gelöst wird.

Und jetzt unterwegs als Reformator italienischer Glückseligkeiten? Vielleicht. Bourgueil versucht jedenfalls, die zu Lavastein erstarrte italienische Küche aus ihren behäbigen Verkrustungen des ständigen Einerleis zu lösen. Dabei lässt er sich als kulinarischer Grandseigneur ganz von seinen eigenen Esserfahrungen in Italien inspirieren und profitiert von der Tatsache, dass beide romanische Hochküchen sich nicht grundsätzlich, sondern allenfalls in Nuancen, in den Küchendialekten und ein wenig in den Temperamenten unterscheiden.

Adresse Kaiserswerther Markt 9, Kaiserswerth, Tel. 0211/401050 | **ÖPNV** U 79, Bus 728, 749, 760, Haltestelle Klemensplatz | **Öffnungszeiten** Di–Sa ab 19 Uhr, So und Mo geschlossen | **Internet** www.im-schiffchen.com

PREISKATEGORIE ■■□□

27_EssBar
Weit oben

Das »hm« in der Internetadresse erinnert noch an die ersten Betreiber dieses kleinen Restaurants: Hensen und Marzona machten eine ordentliche, Pasta-beseelte Mittagsküche, die gern von den Mitarbeitern der umliegenden Medien- und Fotostudios angenommen wurde. Ihr Nachfolger, Philipp Tacke, spielte schon eine Liga höher mit teils sehr ausgeklügelten frankophilen Gerichten, und Daniel Baur, der aktuelle Koch, und seine Partnerin Olga Jorich kommen direkt aus der Champions League. Das ist insofern erstaunlich, da die EssBar recht klein ist und tatsächlich etwas von einer Bar hat: Man sitzt auf Hockern an ziemlich hohen Tischen, und man braucht ein gewisses Stehvermögen, um sich an diesen Tischen abendfüllend festzusetzen.

Baur kochte einige Jahre bei Peter Nöthel, dem besten zweitbesten Restaurant in Düsseldorf (ausgezeichnet mit so ziemlich allem, was die Gastrokritik zu bieten hat – zwei Michelin-Sterne, drei Gault-Mützen und noch jede Menge andere Orden, die über den Töpfen funkelten). Nöthel gab sein Hummerstübchen auf und kocht jetzt in einem Bistro (allerdings auf Nöthel-Niveau). Daniel Baur war einer seiner jungen Schwertträger im Kampf um noch mehr Ruhm. Auf die Frage, ob er ein kochendes Vorbild habe, nennt Baur nicht ganz überraschend Nöthels ehemaligen Küchen-Chef Peter Liesenfeld, der mehr als zwanzig Jahre der Garant für die handwerklich perfekte Umsetzung der Nöthel-Ideen war.

Baur folgt diesem kulinarischen Ethos der beiden Großmeister: Für ihn ist gute und moderne Küche wichtig, deren Grundlage exzellente Produkte und ein zur Perfektion strebendes Handwerk sind. Baurs Küche ist also sehr viel mehr als nur solide. Sie ist ein Glück. Noch (und das muss man bei allen freundlichen Geschäftsübernahmen und Neugründungen sagen, denn die Gegenwinde sind manchmal zum Umfallen stark) kann man in der EssBar sehr gut, manchmal ganz wunderbar essen, mittags und abends. Immer.

Adresse Pionierstraße 24, Friedrichstadt, Tel. 0211/1579305 | **ÖPNV** Straßenbahn 704, 709, 719, Haltestelle Stresemannplatz | **Öffnungszeiten** Mo–Fr 11.30–14.30 und 18.30–22 Uhr, Sa 18.30–22 Uhr, So geschlossen | **Internet** www.hm-essbar.de

PREISKATEGORIE ■■■□

28__Fehrenbach

Love is all you need

Julia Fehrenbach ist der Master of Ceremony ihres mittlerweile allein geführten Restaurants. Nach familiären Turbulenzen agiert die ehemalige Marketingfrau mit der Unbefangenheit der Autodidaktin wie auf einer Bühne. Gegen alle dunklen Prognosen hat sie es geschafft, ihr Restaurant zu einer der ambitioniertesten Gourmetadressen in Pempelfort zu machen. Das liegt aktuell auch an Alexander Türk, der schon in Peter Nöthels altem Hummerstübchen auf der Jagd nach dem dritten Stern mitkochte, später im ebenfalls doppelt besternten Hotel Adlon in Berlin, und eine Zeit lang dem »Herzog von Burgund« in Neuss die kulinarischen Glanzlichter aufsetzte.

Der zurückhaltende Türk ist ein Meisterkoch, der den durchgängigen Perfektionismus, den Sternenküchen fordern, scheut. Das hat ganz praktische Gründe: In einer Zweimannküche muss man mit den Realitäten leben und die Teller eher flach halten. Als einer der besten Köche Düsseldorfs wäre er zweifellos zu noch Höherem befähigt, aber Fehrenbach ist ein kleines Restaurant mit eng gestecktem Rahmen.

In drei abendlichen Menüs, die auch in ihre Einzelteile zerlegt und à la carte bestellt werden können, bringt Türk seine Ideen auf die Tische. Bei allen Menüs kann man dreigängig einsteigen, es empfiehlt sich aber immer das Ganze, also alle fünf Gänge zu nehmen. Türk legt die Speisen fest, Julia Fehrenbach die Titel. Die Menüs heißen »Liebe«, »Lust« und »Leidenschaft« und können als sinnliche Versprechen oder auch als entsprechende Sehnsüchte verstanden werden. Jedes gute Essen in Gesellschaft hat (nicht nur hier) einen erotischen Unterton, und für Leute, die nach dem Dessert den Löffel noch nicht sofort abgeben möchten, kreierte Julia Fehrenbach die »KontaktTafel«: Jeden ersten Donnerstag im Monat treffen sich in ihrem Restaurant sich bis dahin unbekannte Frauen und Männer an einem Tisch und tauschen sich über Liebe, Lust und Leidenschaft und ähnliche Neigungen aus.

Adresse Schwerinstraße 40, Pempelfort, Tel. 0211/9894587 | **ÖPNV** Bus 722, Haltestelle Kolpingplatz | *Öffnungszeiten* Di–Sa ab 18 Uhr, Mo und So geschlossen | **Internet** www.restaurant-fehrenbach.de

PREISKATEGORIE ■■□□

29 Finanzämtche / Pozangmatcha

Notfalls mit dem Finger

Die Kneipe mit dem etwas kuriosen Namen war früher ein Ort charmanter Begegnungen, der gern von Leuten frequentiert wurde, die gerade frisch frisiert und parfümiert nach Feierabend in ihren zweiten Frühling rutschten. Mit atmosphärischer Tuchfühlung zu den alten romantischen Rotlichtbars der Grupello- und Charlottenstraße gab es zwei echte Knutschecken und eine lange Theke für Männer, die sich mal aussprechen wollten. An der Einrichtung hat sich fast nichts geändert, aber die Nostalgiker des eigenen Lebens sind selten geworden. Heute wird hier koreanisch gefeiert und getrunken, hauptsächlich von sehr jungen Koreanern und Koreanerinnen, die fast alle irgendwie mit dem Personal befreundet sind. Jedenfalls ist die Stimmung freundschaftlich und umarmend, und wie in vielen koreanischen Kleinrestaurants ist das Essen eher ein Anlass zum Trinken und natürlich auch die Grundlage, die man braucht, um nicht sofort abzustürzen. Koreaner essen gern und viel, und die Speisen haben immer auch mit der koreanischen Identität zu tun. Dieser sehr asiatische Aspekt, sich kulturell auch über das Essen zu definieren, führt zu einem ziemlich gefestigten Traditionalismus, der praktisch generationsübergreifend ist.

Die Küchenleistungen sind durchaus schwankend, von hervorragend bis beiläufig, was wohl dadurch zu erklären ist, dass hier unterschiedliche Leute in unterschiedlichen Tagesformen kochen. Gekocht wird mit viel Knoblauch (das Lieblingsgewürz Koreas) und viel Chili (das andere Lieblingsgewürz aller Koreaner) und dem unvermeidlichen Sesamöl. Diese Dreieinigkeit akzentuiert die meisten Speisen; Essig-Soja-Saucen und Paprikapasten sind weitere, manchmal recht intensive Scharfmacher. Die Fleisch-, Fisch- und Gemüseeintöpfe, Nudelsuppen, Spieße und Reisgerichte sind alle in kleinen Fotos auf der Karte dargestellt, und wer Probleme mit der lautmalerischen Aussprache haben sollte, kann einfach mit dem Finger auf seine Wünsche zeigen.

Adresse Oststraße 139, Stadtmitte, Tel. 0211/326084 | **ÖPNV** U 70, U 74, U 75, U 76, U 77, U 78, U 79, Straßenbahn 701, Haltestelle Steinstraße/Königsallee | **Öffnungszeiten** Mo–Do und So 18–2 Uhr; Küche bis 1 Uhr, Fr und Sa 18–4 Uhr; Küche bis 3 Uhr

PREISKATEGORIE ■■□□

30_Fischhaus
Mehr Meer

Das Fischhaus ist eines der größten und vor allem schönsten Restaurants in der Altstadt, direkt neben dem Uerige, immer gut besucht, mit schnellen und belastbaren Kellnern, die zwischen den eng gestellten Tischen auch im größten Trubel nicht die Nerven verlieren. Hervorgegangen ist das Fischhaus aus dem ehemaligen Carl Maassen. Die Maassens betrieben hier eine Fischhandlung und auch zwei Restaurants, neben dem großen, ebenerdigen gab es noch im ersten Stock die Feinschmecker-Adresse »Zur Auster«, in der es so ziemlich alles zu essen gab, was gut und teuer war.

Seit 1825 versorgten die Maassens die Düsseldorfer mit Fisch aus dem Rhein, zu allen Anlässen, vor allem freitags, als die Stadt noch sehr katholisch war, zu Weihnachten und zu Silvester. Es gehörte zum gutbürgerlichen Ton, den Fisch in diesem Traditionsgeschäft zu bestellen: Damals wurden die reservierten Festtagskarpfen noch frisch und in Anwesenheit der Kunden gekeult. Das alte Maassen ging in den 1990er Jahren unter, es lebt aber mit einem verschärften gastronomischen Konzept und sehr international ausgerichtet im Fischhaus fort.

Da hier ständig und durchgehend ab halb zwölf gegessen wird, ist der Fisch immer makellos frisch; der hohe Umsatz sorgt auch für genügend Karkassen und Zutaten für die besten Fischsuppen, die man in der Altstadt essen kann (wenn man nicht gerade kurz vor Ladenschluss die allerletzte Tasse erwischt). Da die Zielgruppe der Esser sehr groß ist und eine fabulöse Schnittmenge von Altstädtern, Düsseldorfern, Touristen und Messebesuchern darstellt, sind die Gerichte groß und schlicht, geradlinig und manchmal mit einem nicht zu überschmeckenden mediterranen Einschlag. Die andernorts recht selten gewordene »Scholle Finkenwerder« ist im Fischhaus ein gutbürgerliches Masterpiece geblieben. Viel Lachs ist in verschiedenen Varianten im Angebot, Pulpo und Gambas, aber auch relativ preiswerte Austern und Meeresfrüchte.

Adresse Bergerstraße 3–7, Altstadt, Tel. 0211/8549864 | **ÖPNV** U 70, U 74, U 75, U 76, U 77, U 78, U 79, Straßenbahn 701, 703, 706, 712, 713, 715, Bus 780, 782, 785, SB 50, Haltestelle Heinrich-Heine-Allee | **Öffnungszeiten** täglich 11.30 – 24 Uhr | **Internet** www.fischhaus-duesseldorf.de

PREISKATEGORIE ■□□□

31 Frango Português
Restaurant der Träume

Es würde einen nicht wundern, wenn plötzlich eine brennende Giraffe durch den Saal marschierte oder ein weißer Elefant. Das »Portugiesische Huhn« steckt voller Überraschungen. Zwischen surrealistischen Seitenaltären und traumsicheren Büfettaufbauten befindet man sich in einem Restaurant voller Anspielungen, in dem alles mit allem kommuniziert und in beliebigen, aber unterhaltsamen und vieldeutigen Beziehungen steht. Wenn man will. Die Dinge sind schließlich immer das, was man in ihnen sieht. Hinter jeder Wirklichkeit steckt eine andere: Auch wenn alles nur Dekoration und schöner Schein ist, eklektizistisch ist wie der Palácio Nacional da Pena, das »Neuschwanstein« Portugals, in den Bergen westlich von Lissabon.

Was im Clube Português (Seite 46), nur 200 Meter entfernt, relativ verhalten begann, wird hier auf die visuelle Spitze getrieben. Wenn am Wochenende die beiden Räume voll besetzt sind, glaubt man sich in einem Fellini-Film oder in einer volkstümlichen Inszenierung des Surrealisten Luis Buñuel.

Dass man zumindest am Wochenende, trotz der Größe des Restaurants, nur schwer einen Tisch findet, liegt natürlich nicht nur an den optischen Purzelbäumen, die hier hemmungslos geschlagen werden. Es liegt auch an der grundsoliden Küche. Es ist eine Küche der Bauern und Seeleute, nicht sehr poetisch (wie die sehnsuchtsvolle portugiesische Musik, die im Hintergrund läuft), sie ist eher rustikal, einfach, aber auch gelegentlich von einer großartigen Subtilität, wie zum Beispiel bei einem Oktopus in grüner Sauce, einer sehr milden Vinaigrette, oder den iberischen Schweinerippchen, deren schöner Geschmack einzig durch die Qualität des Fleisches bestimmt ist. Es wird viel gegrillt. Auch das namengebende Huhn kann man ganz oder zur Hälfte vom Grill haben, ebenso Kaninchen, Koteletts und diverse Fische. Wie im Clube werden mittags sehr preiswerte Tellergerichte angeboten.

Adresse Erkrather Straße 224, Flingern, Tel. 0211/69554625 | **ÖPNV** U 75, Straßenbahn 706, Bus 725, 738, Haltestelle Kettwiger Straße | **Öffnungszeiten** Mo–So 12–24 Uhr, Küche Mo–Fr 12–15 und 18–23 Uhr, Sa 12–23 Uhr, So und feiertags 12–22 Uhr | **Internet** www.frango-portugues.de

PREISKATEGORIE ■ ◻ ◻ ◻

32_Gattogiallo
In Kalabrien

Lai Yee Sammarro-Leung – das hört sich ein bisschen komplizierter an, als es tatsächlich ist. Allerdings muss der Name meistens tatsächlich buchstabiert werden. Was sich hinter ihm verbirgt, ist insofern auch nicht ganz einfach, da er als biografische Grundstruktur für das Feinkostgeschäft Gattogiallo gelesen werden kann: Die in Deutschland geborene Chinesin heiratete einen Kalabresen, dessen Familie ihren Mann regelmäßig mit etwas versorgte, das sie selbst »Carepakete« nennt, gefüllt mit allem, was ein Süditaliener im Ausland zum Überleben braucht und eine kochinteressierte Chinesin animieren muss, sich mit den Paketinhalten in ihren kulinarischen Dimensionen genauer zu beschäftigen.

Lai Yees Vater war Koch. Herr Leung kochte am liebsten nach Bildern und Farben, was seine Tochter zunächst Architektin werden ließ. Als Quersumme aller Einflüsse entstand schließlich Gattogiallo im Dezember 2012, eine konsequente Lebensänderung ohne Architektur. Aus dem Wunsch, die kalabrischen Delikatessen zu importieren, wurde dann die Lust, eigene Ideen direkt an die Mittagsesser zu bringen.

Zwei Tellergerichte gibt es täglich, immer unter 10 Euro, mehr oder weniger freie kulinarische Assoziationen (zum Beispiel Ofenkartoffeln mit Gemüseragout und Cannellini-Bohnen) ebenso wie tief in den kalabrischen Traditionen verwurzelte und bei uns ganz unbekannte Gerichte (zum Beispiel »Polpette di carnevale« aus dem Savutotal).

Die importierten Delikatessen sind fast alle bio-zertifiziert, und bevor etwas in das Sortiment aufgenommen wird, besuchen die Sammarro-Leungs die Produzenten, um vor Ort festzustellen, wie authentisch die Produkte tatsächlich sind. Noch ist der Feinkostladen familienbedingt (drei Kinder) eine nur halbtägliche Angelegenheit, aber das Gattogiallo ist eine sehr schöne Möglichkeit, italienisch zu frühstücken und kalabrisch Mittag zu essen.

Adresse Geistenstraße 14a, Derendorf, Tel. 0177/8111910 | **ÖPNV** Straßenbahn 701, 704, Bus 834, Haltestelle Rather Straße | **Öffnungszeiten** Di – Fr 10 – 15 Uhr, Sa 10 – 14 Uhr, So und Mo geschlossen | **Internet** www.gattogiallo.de

PREISKATEGORIE ■□□□

33 _ Gingerboy
Unterm Regenbogen

Vielleicht wundert man sich anfangs, wenn man die Karte liest, über die ungewöhnlichen und poetischen Benennungen der Speisen: »Der Palast des Regenbogens« (Hühnerbrustsalat mit Gurken und Knoblauch), »Der wandernde See« (Nudelsuppe mit Karotten), »Der Traum der roten Kammer« (Kokossuppe mit Huhn). Man sitzt in einem modernen Chinarestaurant, und die Chinesen mögen es bekanntlich bildreich, blumig und vieldeutig, manchmal auch rätselhaft. Spätestens beim »Morgen der Entscheidung« (Tofu mit Gemüse), den »Räubern vom Liang-Schan-Moor« (Nudeln mit Huhn und Curry) und den »Reitern der Winde« (Eierlikör-Zitronengras-Crème brulée) ahnt man allerdings, dass es sich bei den Titeln nicht um den lyrischen Einfallsreichtum eines Chefkochs handelt: Es sind Titel von Büchern und Actionfilmen.

Diese Neigung zum Plakativen haben auch die schwarz gekleideten Köche, die wie Küchen-Ninjas hantieren. Die Speisen sind locker und kräftig gewürzt, manchmal so lässig wie das Ambiente dieses bei Ü-20-Jährigen besonders beliebten Restaurants, und in vielen Aspekten sind die Gerichte eher assoziativ wie die Filmtitel und scheinen keinen besonders festen Küchenregeln zu folgen. Die »Reise durch die Seidenstraße« (Nudeln mit scharf mariniertem Schweinefleisch) führte sicher auch durch eine Salzwüste. Früher sagte man Köchen, die stark salzen, nach, sie seien verliebt. Vielleicht war das auch hier der Fall. Ein Grund könnten natürlich die ausnehmend hübschen Kellnerinnen sein, die vor der offenen Küche agieren, entwaffnend sympathisch (sodass man die Seidenstraße weiterreist) und manchmal so seltsam abwesend (dass man nicht stören möchte), weil vermutlich auch die selbstbewussten Köche nicht ohne Wirkung auf die Kellnerinnen bleiben.

Gingerboy ist aktuell extrem angesagt. Sobald die »Herberge zum Drachentor« (hier Wan Tans in Brühe) geöffnet hat, sollte man sich sofort einen Tisch sichern.

Adresse Glockenstraße 24, Derendorf, Tel. 0211/56678328 | **ÖPNV** Straßenbahn 701, Haltestelle Münsterplatz | **Öffnungszeiten** Mo–Do 17–24 Uhr, Fr 17–1 Uhr, Sa 15–1 Uhr, So und feiertags 15–24 Uhr | **Internet** www.gingerboy.de

PREISKATEGORIE ■ ◻ ◻ ◻

34__ Güzel Voyage
Kochen auf Türkisch

Günay Davulcu lernte das Kochen, weil sie als Mädchen neugierig war. Sie schaute nicht nur ihrer Mutter in die Töpfe, auch den Nachbarinnen im »Ausländerhaus«, das sie selbst in Erinnerung an eine Zeit so nennt, als in Bilk noch die wenigen Ausländer in einem Haus lebten. Man brauchte nur der Nase nach zu gehen, um auf jeder Etage einen anderen Geschmack zu entdecken. Später sah sie regelmäßig den französischen Jahrhundertkoch Paul Bocuse im Fernsehen und kochte sein Bœuf Bourgignon mit Erfolg nach. Der Ochse in Burgundersauce blieb eine Episode, und es dauerte eine Ehe und vier Kinder, bis sie als Autodidaktin ihr eigenes Restaurant eröffnete.

Das Restaurant ist klein und schmucklos, kein Kitsch an den Wänden und auch kein folkloristischer Klimbim, den Hirten oder Fischer irgendwo zurückließen. Diese optische und ungewöhnliche Klarheit passt zu ihren Vorstellungen einer authentischen Küche. Wenn es Günay Davulcu irgendwie möglich ist, werden die Zutaten direkt aus der Türkei importiert, am liebsten biologisch kontrollierte und manchmal auch zertifizierte Produkte. Das ist nicht immer leicht, da auch die Bauern und Lieferanten einen feineren Sinn für den biologischen Gesamtzusammenhang entwickeln müssen. Sie selbst, sagt Günay Davulcu, habe das Kochen auch erst lernen müssen. Heute verlässt sie sich ganz auf das von ihr Erprobte und verzichtet vollkommen auf irgendwelche Convenience-Produkte. Mit ihren letztlich eingeschränkten Möglichkeiten (sie kocht meist allein) versucht sie, die osmanischen und besonders nuancenreichen Tiefen einer zumindest bei uns oft unterschätzten Esskultur auszuloten. Dabei geht es ihr nicht um große Teller-Inszenierungen, in denen kulinarische Bauchtänze eine Rolle spielen könnten. Es geht um eine Revidierung, vielleicht sogar um die Rehabilitierung der türkischen Küche: Denn die sei eine der besten der Welt!

Adresse Konkordiastraße 85, Unterbilk, Tel. 0211/3982855 | **ÖPNV** Straßenbahn 704, 708, 709, 719, Bus 726, Haltestelle Bilker Kirche | **Öffnungszeiten** Mo–Sa 17–1 Uhr, So geschlossen

PREISKATEGORIE ■□□□

35__Hashi, Mahlzeit!
Danke gleichfalls!

Es macht natürlich neugierig, dass Zhenkun Wang, Koch und Gastronom, zwei sich nicht zwangsläufig ergänzende Restaurants gleichzeitig bespielt: das chinesische Hashi, Mahlzeit! in Flingern und das deutsche U.Land im Logenhaus in Düsseltal. Solche Parallelambitionen hat sonst nur noch Sternekoch Jean-Claude Bourgueil, der in Kaiserswerth französisch und italienisch kocht, in zwei Restaurants, aber in einem Haus und in einer Küche.

Für chinesische Restaurantverhältnisse ist die Karte des Hashi winzig – sechs Vorspeisen, sechs Hauptspeisen, eine einzige Suppe und fünf Varianten Jiao zi. Die Teigtaschen sind verlässlich frisch zubereitet (man sieht es am Teig und schmeckt es an der Füllung), also keine durchtriebene Konfektionsware. Sie sind verschieden gefüllt, im Geschmack manchmal vertraut wie bei einer Füllung mit Rindfleisch, Zwiebeln und Staudensellerie, aber auch ganz ungewöhnlich mit einem Mix aus Garnelen, Kabeljau und chinesischem Bärlauch. Wang ist ein Meister dieser Teigtaschen, und man sollte, um einen Ausgangswert für andere chinesische Restaurants zu haben, den großen Teller mit zwölf Taschen bestellen, der von allen fünf Varianten Beispiele bringt.

Wang verwendet ausschließlich zertifiziertes Schweinefleisch. Seine Freilandpoularden bezieht er über die qualitätsbesessenen »Genusshandwerker«, die ebenfalls in Flingern tätig sind (Hoffeldstraße 31). Wer Wangs Schweinebauch nach Sichuan-Art oder sein Entrecote-Geschnetzeltes mit Pfannkuchen und Rinderjus probiert hat, wird sehr wahrscheinlich Lust bekommen auf Wangs Meisterstück, die Pekingente. In Düsseldorf ist sie einzigartig. Sie ist der Hauptgang eines kleinen Menüs, muss mindestens vier Tage im Voraus bestellt werden und wird wegen des kochtechnischen Aufwands nur tischweise serviert. Es müssen sich also mindestens zwei finden, die sie und das Menü essen wollen (pro Person 68 Euro).

Adresse Ackerstraße 182, Flingern, Tel. 0211/68789908 | **ÖPNV** Straßenbahn 703, 706, 712, 713, Bus 737, Haltestelle Lindemannstraße | **Öffnungszeiten** Di–Sa 12–15 und 18–22 Uhr, So und Mo geschlossen | **Internet** www.hashi-mahlzeit.de

PREISKATEGORIE ■□□□

36 Hausnummer 3
Hip-Hop-Gourmets

Früher war hier mal die Q-üche. Sie war ein Nebenprodukt des noch immer existierenden Q-Stalls, der seine tiefen Wurzeln im angeschrammelten »op de eck« im Hafen hatte, einer der letzten Postpunk-Indie-Bastionen für versierte New-York-Underground-Reisende, die gern Ramones und Iggy Pop hörten. Auch damals wurde gut und freimütig gekocht, aber man folgte eher den Regeln als den Eingebungen. Die alternde Szene aß auch nur gern, was sie schon kannte.

Hausnummer 3 ist ihr ambitionierter und vor Würzkraft strotzender Nachfolger. Sie ist die Garküche, die nur mittags für drei Stunden geöffnet hat. Die jungen Köche, die man sich gut in Berlin-Kreuzberg (SO36) oder im Hamburger Schanzenviertel in der letzten Schlacht um die Rote Flora vorstellen kann, haben ihr großes, offenes Küchenherz ganz den One-World-Dishes geschenkt. Es wird strikt ethno und grenzübergreifend gekocht, im wilden Zickzack durch die Kulturen und mit der Selbstverpflichtung, jeden Mittag neu zu improvisieren.

Bei diesen Küchensessions werden die Geschmacksoktaven rauf und runter gespielt: Jedes Gericht vibriert von den vielen Kräutern und Gewürzen. Selbst eine Linsensuppe, die man allgemein als ziemlich braves Gericht kennt (rheinisch meist mit Speck und Mettwurst über den Tellerrand geschaufelt), wird mit Minze, Koriander, Cashewkernen und Joghurt zum fulminanten Geschmackserlebnis. Auch ein römisch genannter Kichererbseneintopf hat eine Menge frischer Zutaten (Lauch, Kartoffeln, Paprika) in sich und wird mit Harissa (der scharfen Gewürzpaste aus dem Maghreb) und dicken Parmesanflocken zum poly-mediterranen Mittags-Highlight. Rotkohlsalat gibt es mal mit Apfel und Ziegenkäse, aber auch in einer Variante mit Honig, Rettich und Gurke.

Das Angebot in dieser ungewöhnlichen, Hip-Hop-beschallten Garküche ist klein und konzentriert. Alle Gerichte kann man auch als halbe Portionen haben.

Adresse Kurze Straße 3, Altstadt, Tel. 0171/1978671 | **ÖPNV** U 70, U 74, U 75, U 76, U 77, U 78, U 79, Straßenbahn 701, 703, 706, 712, 713, 715, Bus 780, 782, 785, SB 50, Haltestelle Heinrich-Heine-Allee | **Öffnungszeiten** Mo–Fr 12–15 Uhr

PREISKATEGORIE ■■□□

37_Hyuga
Irasshaimaseeeeee!

Wenn man das Hyuga zum ersten Mal betritt, ist man irritiert. Die ganze Belegschaft mit allen Kellnerinnen, den Köchen und Sushi-Meistern hinter der Theke deutet eine Verbeugung an und begrüßt einen so laut und fast euphorisch, dass man sich unwillkürlich umdreht, weil man annimmt, ein irgendwie prominenter Japaner habe zeitgleich das Lokal betreten. Man beugt zurück, etwas verlegen, weil man nicht recht weiß, wen man bei so viel lächelnder Begeisterung eigentlich anschauen soll. Später versucht man das lang gezogene Wort zu identifizieren, das immer dann durch den Raum schallt, wenn ein neuer Gast das Restaurant betritt. »Irasshaimaseeeeee«: Herzlich willkommen! Es klingt wie eine Fanfare. Und je lauter und heller die Begrüßung gerufen wird, umso frischer soll der Fisch sein!

Das Hyuga ist ein unter japanischen Angestellten besonders beliebter Laden. Nach Büroschluss wird hier gern getrunken, und da Japaner nicht trinken, ohne zu essen, spielt auch das Essen eine abendfüllende Rolle. Die Gerichte sind einfach, manchmal rustikal und ungefähr so, wie man sich Speisen in den Izakaya genannten Trinkkneipen in Japan vorstellen muss. Man isst kräftig und viel, damit man nicht gleich bei zu viel Sake, dem japanischen Reiswein, die Stäbchen abgeben muss: gebratenes Schweinefleisch mit Kohl und Seetang, gegrillte Rinderzunge mit Salz, Nudelsuppen mit rohem Ei oder geriebenen Taro-Knollen, die im Geschmack ein wenig an Esskastanien erinnern. Als kleine appetitanregende Vorspeisen gibt es gekochte grüne Sojabohnen (die in Japan gern zum Bier gegessen werden), Meeresalgen mit Essig gewürzt, japanische Mixed Pickles, aber auch Kartoffelsalat, der überraschend deutsch schmeckt.

Die Sushis werden im Hyuga immer in guter, aber auch in besserer und schließlich in selten erreichter Qualität angeboten. Für die einfachen zahlt man 20 Euro pro Portion, für die besten 45 Euro.

Adresse Klosterstraße 78, Stadtmitte, Tel. 0211/364923 | **ÖPNV** Straßenbahn 707, Haltestelle Klosterstraße | **Öffnungszeiten** Mo 18.30–23 Uhr, Di–Sa 12–15 und 18.30–23 Uhr, So geschlossen

PREISKATEGORIE ■■■■

38__Im Schiffchen
Beim Weltkoch

Es weiß allein der Himmel, warum Jean-Claude Bourgueil nur noch zwei statt drei Sterne hat. Als er sie noch hatte (von 1987 bis 2006), war er der beste Drei-Sterne-Koch Deutschlands – denn er war der einzige, der weder von einem kapitalkräftigen Sponsor auf die heiße Herdplatte gehoben wurde (wie Eckart Witzigmann und Heinz Winkler) noch an den dicken Sicherungsseilen eines Hotels hing (wie praktisch alle anderen). Bourgueil finanzierte sich und sein Restaurant auf der höchsten Ebene einzig durch seine Leistung. Und darin ist er zumindest in Deutschland über eine so lange Zeit bis heute unerreicht.

Bourgueil lässt sich gern inspirieren – Gerüchte sagen: von Frauen –, vor allem aber durch Reisen und das großartige Repertoire seines kulinarischen Wissens, das ihm immer wieder neue Interpretationsmöglichkeiten eröffnet. Aktuell ist es eine Reise nach Lima. In Lima kocht Virgilio Martinez, der junge Superstar der peruanischen Küche, der es in einem internationalen Kritikerranking unter die zehn besten Köche der Welt geschafft hat und damit einer der Protagonisten der aktuellen Avantgarde ist.

Bourgueil kreierte nach seiner Reise ein umfangreiches »südamerikanisches« Menü, das außer peruanischen auch brasilianische Ideen enthält (was vielleicht an der hübschen Helena Rizzo liegt, die in São Paulo ganz oben kocht und neben der Spanierin Elena Arzak als weltweit beste Köchin gilt). Es ist bezeichnend für Bourgueil, dass er immer wieder Neues ausprobiert, aber auch manches, was er für besonders gut befindet, dauerhaft auf die Karte setzt, wie seinen »kleinen bretonischen Hummer in Kamillenblüten gedämpft«, der schon in den 1990er Jahren einer seiner »signature dishes« war.

Im Schiffchen zu essen kostet viel Geld (das große Menü des Meisters aktuell 174 Euro). Nicht jeder, der es verdient hätte, von Bourgueil bekocht zu werden, kann es sich auch leisten. Das ist schade.

Adresse Kaiserswerther Markt 9, Kaiserswerth, Tel. 0211/401050 | **ÖPNV** U 79, Bus 728, 749, 760, Haltestelle Klemensplatz | **Öffnungszeiten** Di–Sa ab 19 Uhr | **Internet** www.im-schiffchen.com

PREISKATEGORIE ■ □ □ □

39_K

Men at work

Wenn sie beim Schichtwechsel alle zusammen neben der Kasse stehen, sehen sie aus wie das neue Personal für ein zeitgemäßes Remake von Sam Peckinpahs »The Wild Bunch«: vom Scheitel bis zur Sohle korrekt tätowierte Kellner, in hochgekrempelten Denim-Vintage-Jeans, mal mit, mal ohne Kopfbedeckung, mit und ohne Braces (Hosenträger), verwegen wie die Goldsucher auf dem legendären Klondike Trail. Ein wilder Haufen *tough guys* im nostalgischen Retro-Outfit neuer Rockabillys, mit messerscharfen Frisuren und tadellos aufgetragenem Gel: und alle haben ausnahmslos 1-a-Manieren, können die Speisen gut beschreiben und die Weine bestens empfehlen.

Diese neueste Loretto-Location gibt sich in vielen Details rau und unverwüstlich. Die Tische beispielsweise sind mit ihren Stahlgestellen und Tischbohlen so gearbeitet, dass sie noch stehen werden, wenn Bilk längst untergegangen ist. Unter fetten Industrielampen und dicken Belüftungsrohren sitzt man wie in einer alten Werkstatt; die Wände sind unverputzt, und es gibt viele Fenster für Leute, die gern rausschauen. Auf der Theke ein paar vergipste Jesus-Statuen unter angesagten Gin-Flaschen. Und so profiliert und in den Details akzentuiert wie das Kneipen-Interieur und das Outfit der Männer, die hier arbeiten, sind auch die Speisen. Sie fallen zwar nicht völlig aus dem bekannten Kneipen-Restaurant-Rahmen, haben aber doch immer etwas an und mit sich auf den Tellern, das angenehm überrascht. Dass man in der Küche allgemein mehr Richtung Restaurant als Kneipe orientiert ist, zeigen unter anderen das »Entrecote Café de Paris« und ein »Doradenfilet mit Chili-Kerbel-Polenta«. Alles ganz wunderbar, wobei die Kellner zumindest dem Unentschlossenen auch gern die echte Dönninghauser Currywurst empfehlen. Die patentierte Rostbratwurst mit ebenso patentierter Currysauce ist eine Original-Ruhrpott-Delikatesse, die gern gegessen und manchmal auch besungen wird.

Adresse Wilhelm-Tell-Straße 1a, Unterbilk, Tel. 0211/97176070 | **ÖPNV** Straßenbahn 704, Bus 725, Haltestelle Polizeipräsidium | **Öffnungszeiten** Mo–Fr 10–1 Uhr, Sa 17–2 Uhr, So 17–24 Uhr | **Internet** www.k-restaurant.de

PREISKATEGORIE ■■□□

40 Karl's
Im Himmel über Pempelfort

Für die Pempelforter, deren Stadtteil hier nördlich an Derendorf grenzt, war das immer ein guter Ort. Lange vor dem Karl's wurde hier solide und sonntäglich gekocht, unter anderen Namen und anderen Küchenflaggen, aber stets so, dass den Pempelfort-Derendorfern die Familienfeiern und Abende verschönert wurden. Aktuell ist es sogar so schön, wie es noch nie war, und die Küche des talentierten Herrn Karl spielt das ganze vielstimmige Programm einer bodenständig verstandenen Neo-Nouvelle-Cuisine.

Karl Romboy liebt außerdem kleine Irritationen und grundsätzliche Verbesserungen, wenn er Altbekanntes auf neue Füße stellt und so interpretiert, dass manchen Essern vor Freude der Mund offen bleibt. Beispielsweise »Himmel un Ähd«: Der Alltagsklassiker sparsamer Hausfrauen heißt hier originell »oben & unten« und bringt statt fetter Blutwurst eine französische Boudin noir auf den Teller; Apfelmus ersetzt der Koch durch delikat sauren Apfel und Rotweinschalotten. »Oben & unten« ist ein gelungener Einsteiger, ebenso wie eine »Crème brulée« – das Bistro-Dessert der französischen Küche schlechthin – hier vorneweg als Ziegenkäsevariante mit einem Schwarzkirschchutney.

Allein wegen der Vorspeisen und Zwischengerichte sollte man dieses Kneipen-Bistro-Brasserie-Restaurant besuchen. Wer gut eingestimmt in den Abend geht (wobei allein wegen der sich bald einstellenden Euphorie Flaschenweine bevorzugt getrunken werden sollten), wird seine besondere Freude an einem mit getrockneten Tomaten gefüllten Hühnchen haben, zu bunten, kräftigen und sehr schön bissfesten Gemüsen.

Dass die Köche selbst aus Allerweltszutaten etwas ganz Ungewöhnliches auf den Tisch bringen können, zeigen als nur ein Beispiel von vielen Makkaroni mit Chorizo und Rucola, allerdings erweitert und kulinarisch sehr fein ergänzt durch Venusmuscheln in einer Orangensauce.

Adresse Schloßstraße 82, Pempelfort, Tel. 0211/98465380 | **ÖPNV** Straßenbahn 704, Bus 733, 758, Haltestelle St.-Vinzenz-Krankenhaus | **Öffnungszeiten** Mo, Mi und Do 17–24 Uhr, Fr und Sa 17–1 Uhr, So 12.30–23 Uhr, Di geschlossen | **Internet** www.karls-restaurant.de

PREISKATEGORIE ■■☐☐

41__Kikaku
Die alte Sushi-Ess-Schule

Wenn man lange genug durchhält, ist man zwangsläufig irgendwann der Älteste. Das Kikaku gibt es seit 1977. Es ist, nachdem das Nippon-Kan, das es seit 1964 gab, die Essstäbchen für immer abgab, das älteste japanische Restaurant in Düsseldorf.

In der kulinarischen Sozialisation vieler Düsseldorferinnen und Düsseldorfer spielte das Kikaku eine ganz bedeutende Rolle, denn es gab eine Zeit, da nur wenige wussten, was Sushi ist und wie man es isst. Allein die Vorstellung, in rohen Fisch zu beißen, auch wenn er von Reis umhüllt war, hatte etwas irgendwie Verrücktes an sich. Zumindest aus der Sicht ganz gewöhnlicher Bratfischesser. Im Kikaku konnte man beobachten und lernen, wie man Sushi isst. Japaner aßen es fast beiläufig und ohne Zögern. Und wenn man dann selbst den Biss in den kalten Fisch gewagt hatte, wollte man eine ganze Zeit lang entweder nie mehr oder nur noch Sushi essen. Sie waren hip, modern, gesund, schnell, extrem yuppielike: Wer Sneakers trug und Coffee to go trank, aß auch Sushi, im Freien und für jedermann sichtbar in der Mittagspause. Und ließ sie sich abends noch mit dem Taxi ins Büro bringen.

Auch heute noch gibt es hervorragendes Sushi im Kikaku. Die besten, Toku-Jo-Sushis als ausgesuchtes Ensemble, haben natürlich ihren Preis (38 Euro), aber etwa zwanzig Spezialitäten zwischen 4 Euro und 6 Euro werden auch einzeln angeboten, von denen Tobiko (Fischrogen), Hokki-Gai (Hokki-Muschel) und Ó-Toro (sehr fetter und besonders zarter Thunfisch) für alteingesessene Japandorfler nach wie vor eine kulinarische Offenbarung sind.

Wenn man die ganze Vielfalt japanischer Esskultur möchte, sollte man das »Matsu« genannte Menü bestellen. Für 50 gut angelegte Euro bekommt man einen grundlegenden Eindruck, etwa mit Spinat in Sesamsauce, Sashimi vom Thunfisch, mariniertem Lachs, frittiertem Tofu, Hühnerfleisch und Jakobsmuscheln, Tempura von Gambas und Gemüse und natürlich Sushi.

Adresse Klosterstraße 38, Stadtmitte, Tel. 0211/357853 | **ÖPNV** Straßenbahn 707, Haltestelle Klosterstraße | **Öffnungszeiten** Mo, Do und Fr 12–14 und 18–22 Uhr, Di, Mi, So und feiertags 18–22 Uhr, Sa geschlossen | **Internet** www.kikaku.de

PREISKATEGORIE ■■□□

42_Klee's
Mit spanischem Akzent

Früher war mehr Szene! Da hieß das Klee's noch »op de eck« und war die schicke Fortsetzung einer ziemlich runtergekommenen Kiez-Kneipe, die mit Personal und Publikum vom Hafen unter die Kunstsammlung gezogen war. Im neuen Hochglanzambiente trafen sich viele durchgestylte Bohemiens mit dekorativen Malerfürsten und schrillen Art Consultern. Aber das wilde Leben, das kurz inszeniert wurde, verlor sich nach und nach im Treibsand bürgerlicher Kunstwelten. Irgendwann gab es fast nur noch mondäne Kunstreisende, die hier als nett zurechtgemachte Busladungen bei Weißwein und Kuchen saßen. Heute ist das Bar-Café-Restaurant nach kleinen Umbauten und zwei Neueröffnungen nach Paul Klee benannt. Achtundachtzig seiner Arbeiten legten 1961 den Grundstock für die spätere Kunstsammlung NRW.

Die Küche des Klee's zählt zu den besten, die man in den kulinarischen Problemzonen der Altstadt finden kann. Zwei große Linien bestimmen dabei die Karte – eine fast klassisch zu nennende bürgerliche mit neudeutsch zubereiteten Speisen: Sauerbraten, Tafelspitz, Kotelett und Entenbratwürste; und eine mediterrane Linie mit Manchego und Salchicha, Kalbsragout auf Linguine oder Gorgonzola-Spinat-Panzerotti und Crema catalana. Der starke spanische Akzent im Klee's kommt auch durch die Pintxos und Tapas, die es den ganzen Tag über frisch zubereitet gibt – ein schönes Angebot für die täglichen Museums- und die abendlichen Opernbesucher, die hier Kleinigkeiten zu den hervorragenden Weinen möchten. Bei gebräunten Schupfnudeln (süddeutsch) mit Ratatouille (südfranzösisch) treffen sich dann beide Linien auf einem Teller.

Von der Terrasse, auf der an manchen Tagen von morgens bis abends die Sonne steht, hat man einen immer kurzweiligen Blick über den Grabbeplatz, auf Opernhaus, Kunsthalle und Andreaskirche und auf die vielen Studenten, Dozenten und Professoren der nahen Kunstakademie, die am Klee's vorbeilaufen.

Adresse Grabbeplatz 5, Altstadt, Tel. 0211/16844816 | **ÖPNV** U 70, U 74, U 75, U 76, U 77, U 78, U 79, Straßenbahn 701, 703, 706, 712, 713, 715, Bus 780, 782, 785, SB 50, Haltestelle Heinrich-Heine-Allee | **Öffnungszeiten** Di–Do 10–24 Uhr (Küche bis 22 Uhr), Fr und Sa 10–1 Uhr (Küche bis 22.30 Uhr), So 10–22 Uhr (Küche bis 21.30 Uhr), Mo geschlossen | **Internet** www.klees.info

PREISKATEGORIE ■■□□

43_Kushi-tei of Tokyo
Feuer frei!

Es ist auffällig: In einer Zeit, in der vegane Bekenntnisse zur medialen Sonntagsbeichte ehemaliger Tieresser gehören, haben die besonders fleischintensiven Restaurants, Steakhäuser und Hamburgerläden, immer mehr Zulauf. Auch vor dem Kushi-tei of Tokyo warten bereits vor Öffnung ausgesprochene Fleisch-Junkies, die vielleicht befürchten, dass es morgen schon keins mehr geben könnte. Aber sie wissen auch: Wer zuerst kommt, isst zuerst. Diese alte Restaurantregel gilt vor allem in Läden, in denen freie Plätze im Lauf eines Abends immer begehrter werden.

Kushi heißt Spieß, und um den dreht sich fast alles. »Die Spieße hier sind einfach geil«, sagt ein komplett euphorisierter Messebesucher, der noch seine ID-Karte vor dem Schlips baumeln hat und bereits vor Hallenschluss direkt zu diesem *Japanese Grillhouse* sauste. Eine Frau, die sich mit einer Extraportion CK-One gegen den zu erwartenden intensiven Grillgeruch wappnet, der immer in den Klamotten hängen bleibt, hat noch einen anderen heißen Tipp, um die Vorfreude zu steigern: »Ich ess hier nur Wagyū. Das Steak ist so was von superweich. Und gestreichelt werden die Rinder auch.«

Das stimmt zwar nicht so ganz. In Japan gibt es immerhin eine Million Tiere, und auch außerhalb Japans dürfen sie seit einigen Jahren gezüchtet werden. Aber das Fleisch von Wagyū-Rindern, die in ihrer edelsten Art als Kobe-Rinder bekannt sind, ist wegen seiner feinen Fett-Marmorierung zum Grillen besonders geeignet. Die 120-Gramm-Schnitte kostet 38,50 Euro – was für japanische Verhältnisse relativ günstig ist.

Gegrillt wird im Kushi-tei viel (Rinderzungen, Makrelen, Tintenfisch, Lachs, Schweinebauch, Süßkartoffeln). Besonders interessant ist der in Miso und Sake marinierte »Black Cod« (Kabeljau), den Nobu Matsuhisa (Chef der weltweit aufgestellten Nobu-Restaurants und Geschäftspartner von Robert De Niro) vor einigen Jahren populär machte.

Adresse Immermannstraße 38, Stadtmitte, Tel. 0211/360935 | **ÖPNV** Straßenbahn 707, Haltestelle Charlottenstraße/Oststraße | **Öffnungszeiten** Mo–Sa 12–14 und 18–23 Uhr, So 18–23 Uhr

PREISKATEGORIE ■■□□

44 La Bouillabaisse
Große Fische

Der Hype ist natürlich längst vorbei. Aber die vielen bunten Plaketten von Stadtmagazinen und Restaurantführern dokumentieren die fast lang zu nennende Tradition dieses kleinsten Düsseldorfer Fischrestaurants.

Eröffnet wurde es vor drei Jahrzehnten von einem ehemaligen Maassen-Koch (heute Fischhaus), der seine Fische nicht üppig rheinisch zubereitete, sondern puristisch mediterran. Was heute Standard ist, war damals noch ungewöhnlich. Ein bisschen Feuer und nur wenige Kräuter reichten aus, um aus dem Bouillabaisse, benannt nach der berühmten Fischsuppe aus Marseille, eine exklusive Adresse für Fischliebhaber zu machen. Die Exklusivität lag schon damals auch an den sehr begrenzten Tischplätzen und an einer Kö-beseelten Kundschaft, die hier ihre Mittagspausen mit Small Talk füllte und gern unter sich blieb. Wenn man unangemeldet auftauchte, konnte man schnell den Eindruck haben, manche der bereits Anwesenden beim Essen zu stören. Einige der durchaus prominenten und/oder sich für prominent haltenden Gäste (einige Kö-Abteilungsleiter schossen dabei den Vogel ab) hatten eine Art ungeschriebenes Hausrecht.

Ein wenig dieses alten, selbst polierten Glanzes ist bis heute geblieben. Noch immer ist es das intime Lieblingslokal einiger Galeristen, Kunst-Eigner und Modeleute, was sicher auch daran liegt, dass sich bei den Angeboten wenig geändert hat. Das Fischangebot im Rheinland ist geografisch bedingt etwas schmaler als an den Küsten, und so gibt es im Bouillabaisse im Wesentlichen auch nur die Fische, die in anderen Lokalen auf der Karte stehen: Lachs, Steinbutt, Dorade, Zander und Thunfisch. Da aber alles sehr individuell und ganz nach den bekannten Vorlieben der Stammgäste zubereitet wird – und sichtbar auf die Sekunde (Herd und Koch hat man immer im Blick) –, empfiehlt sich das Bouillabaisse vor allem für Esser, die große hektische Küchen nicht mögen.

Adresse Neustraße 31, Altstadt, Tel. 0211/134140 | **ÖPNV** U 70, U 74, U 75, U 76, U 77, U 78, U 79, Straßenbahn 701, 703, 706, 712, 713, 715, Bus 780, 782, 785, SB 50, Haltestelle Heinrich-Heine-Allee | **Öffnungszeiten** Di–Sa 12–15 und 18–23 Uhr, So 17–23 Uhr, Mo geschlossen

PREISKATEGORIE ■■■□

45 Le Bouchon
Reisen durch Frankreich

Natürlich haben die Leute recht, die das Le Bouchon für eines der herausragenden Restaurants in Pempelfort halten, das man vor allem zu besonderen Anlässen besucht. Die Küche, die hier gekocht wird, ist nicht alltäglich und legt diese Einschätzung gewissermaßen auf den Tisch. Aber nichts spricht dagegen, sie sich auch im Alltag zu gönnen. Man muss nicht gleich das feiertägliche große Gourmet-Menü in fünf Gängen essen, das es mit und ohne Weinbegleitung gibt. Auch à la carte bekommt man einen sehr schönen Eindruck von den ambitionierten Gerichten, die Patrick Zielonka und sein Souschef Mathias Maiwald kochen.

Zwei Beispiele mit ungewöhnlichen Produkten, die nur selten auf den Karten anderer Restaurants zu finden sind: Kalbsbries-Lasagne mit Tomaten, Parmaschinken und Salbei als Vorspeise, geschmorte Taube mit Morcheln und Spargel als Hauptgang. Die Produkte haben eine ausgezeichnete Qualität, und bei der Zubereitung achten die Köche darauf, dass die Geschmäcker und Texturen immer in einem angenehmen Spannungsverhältnis stehen. Den Jus möchte man abschließend vom Teller lecken. Man schmeckt sich also unter Umständen mit einer gewissen Euphorie von Gabel zu Gabel.

Die Karte wird jeden Monat neu geschrieben, orientiert sich abwechslungsreich ganz an den jahreszeitlichen Angeboten und setzt häufig thematische oder landschaftliche Schwerpunkte. Bei einer »Kulinarischen Reise durch das Languedoc« beispielsweise werden nur typische oder besondere Gerichte aus dem Languedoc serviert. Im Lauf eines Jahres lernt man so im Bouchon die Küche Frankreichs in ihren Eigenarten kennen.

Von der ambitionierten Abendküche profitiert man auch mittags: Zum Preis von aktuell 14 Euro bekommt man eine hervorragende *Plat du jour*, etwa Kabeljau auf Gemüse-Cassoulet oder Poulardenbrust mit Pilzrisotto. Vor- und Nachspeisen sind mittags für fünf Euro zu haben.

Adresse Blücherstraße 70, Pempelfort, Tel. 0211/97713417 | ÖPNV Straßenbahn 701, 706, 707, 715, Bus 722, Haltestelle Marienhospital | Öffnungszeiten Di–Fr sowie So 12–15 und 18–23 Uhr, Sa 18–23 Uhr, Mo geschlossen | Internet www.lebouchon-duesseldorf.de

PREISKATEGORIE ■■□□

46 Le Chat Noir
Bürger und Boheme

Rodolphe Salis, der Begründer des ersten literarischen Kabaretts Le Chat Noir, nahm für sich in Anspruch, auch der Erfinder von Montmartre zu sein, dem legendären Künstlerviertel in Paris. Dort hatten sich im 19. Jahrhundert die Bürger und eine von der Kette der Konventionen gelassene Boheme allabendlich Gute Nacht gesagt, und noch heute lebt Paris bekanntlich von diesem frivolen, etwas operettenhaften Wind alter Tage, der durch die Phantasien vieler Paris-Besucher wie eine Frühlingsluft weht.

Ruben Simmer, der junge Koch aus dem Saarland, hat von Salis' Kabarett nicht nur den Namen, sondern auch gleich das weltberühmte Signet übernommen, das der ebenso berühmte Art-Nouveau-Grafiker Théophile Steinlen entworfen hatte. Simmer liebt Katzen und die französische Landküche, der er, wenn es seine Zeit erlaubt, über die Dörfer hinterherreist. Als er vor einigen Jahren sein Bistro in Flingern eröffnete, tat er das mit der Überzeugung, dieses sich langsam aus seiner alten Arbeiterhaut schälende Viertel gastronomisch aufwerten zu können. Er hat es geschafft. Sein Chat Noir war sofort und dann für sehr lange ein echter Geheimtipp, also stadtbekannt, und es gab Zeiten, da musste man sich früh auf den Weg machen, um überhaupt noch einen Platz zu bekommen.

Ältere Esser sehen in seinem kleinen Lokal (zwischenzeitlich wurde es vergrößert) die Wiedergeburt des längst in den sentimentalen Hirnwindungen seiner Gäste verschwundenen Bistros La Potinière: Wie damals in der Herzogstraße gibt es auch bei Simmer Kalbsnieren in Senfsauce, Cassoulet mit Kaninchen, Elsässer Bratwurst, Entenstopfleber und Froschschenkel, kräftige Saucen und Eintöpfe. Jüngere Esser mögen nicht nur diese Rustikalität in seinen Speisen, sie mögen auch den Vintage-Charme, den das Lokal in vielen Details zeigt. Simmer selbst schätzt an seiner grundsoliden Arbeit die »anarchistischen Momente«. Was immer er damit meint.

Adresse Hermannstraße 29, Flingern, Tel. 0211/36183023 | **ÖPNV** Straßenbahn 706, Bus 834, Haltestelle Lindenstraße | **Öffnungszeiten** Mo–Sa 18–24, Küche bis 22.30 Uhr, So geschlossen | **Internet** www.chat-noir-duesseldorf.de

PREISKATEGORIE ■ ■ ■ ◻

47_Le Flair

Willkommen in Pempelfort!

Es ist etwas irritierend, dass Dany Cerf 2014 sein erstes Restaurant nach dem Neubauwohnviertel Le Flair benennt, das wenig Flair, aber ganz nette Häuser, hübsche junge Paare und noch hübschere Kinder hat. Entstanden ist es auf den Brachflächen des ehemaligen Derendorfer Güterbahnhofs, zwischen Tußmannstraße und einer neuen Ausfallstraße nach Norden.

Für die Düsseldorfer Restaurantszene ist Cerf einer der Glücksfälle, die sich in letzter Zeit so angenehm häufen. Vermutlich ist er noch jünger, als er aussieht, aber sein langer, wenn auch sensationell schneller Weg führte durch berühmte klassische Restaurants in der Schweiz bis nach Kaiserswerth zu Jean-Claude Bourgueil (siehe Seite 84).

Cerf würde sich kochend am liebsten an Drei-Sterne-Koch Pascal Barbot (Restaurant L'Astrance, Paris) orientieren, der aktuell in einer Weltrangliste der besten Köche auf Platz 36 rangiert. Und am liebsten hätte Cerf ein Lokal von der dichten Atmosphäre des Bistro-Restaurants Septime im lebhaften Pariser Bastille-Viertel. Küchentechnisch ist er dem Septime vielleicht schon dicht auf den Fersen, atmosphärisch wird es dauern. Wer als Foodie gerade den Ehrgeiz entwickelt, das Essen auf hohem, aber auch bezahlbarem Niveau neu zu lernen, sollte im Le Flair auf jeden Fall damit beginnen. Natürlich sind hier auch Leute bestens bedient, die schon viel, vielleicht sogar alles kennen.

In Cerfs moderater und produktorientierter Hochküche offeriert er mittags und abends herausragende Menüs, die zumindest in den frühen Wochen seines Start-ups atemberaubend günstig sind (mittags drei Gänge 24 Euro, abends fünf Gänge 59 Euro). Aber auch wer gern nach der Karte isst, findet auf seiner intensiv sterneorientierten Karte ganz ausgezeichnete Speisen: im Ofen gegarter Rote-Bete-Salat mit Ziegenkäseschaum (12 Euro) oder eine über 24 Stunden geschmorte Lammschulter mit Ricotta und Gemüse (26 Euro).

Adresse Marc-Chagall-Straße 108, Pempelfort, Tel. 0211/51455688 | **ÖPNV** Straßenbahn 706, Haltestelle Tußmannstraße | **Öffnungszeiten** Mi–So 12–15 und 19–23 Uhr, Mo und Di geschlossen | **Internet** www.restaurant-leflair.de

PREISKATEGORIE ■☐☐☐

48_Le Local
Im Quartier Latin

Es existiert eine gelegentliche, historisch belegbare Neigung der Rheinländer, Franzosen sein zu wollen. Das fing bereits mit der Mainzer Republik unmittelbar nach der Französischen Revolution an. Politisch hat das bisher aber wenig Konsequenzen gehabt. Der letzte Aufstand rheinischer Separatisten verpuffte in etwas mageren Straßenschlachten während der Weimarer Republik.

Gastronomisch allerdings nimmt der Wunsch immer wieder neue Gestalt an. Wenn es früher eher Restaurants der High-End-Gastronomie mit ihrem unbedingten Willen zu den Sternen waren, sind es heute auch kleine, von Nostalgie und Sentimentalität getragene Läden: Kneipen-Bistro-Cafés wie das beeindruckende Le Local. Es sieht aus wie ein französischer Direktimport und eine Kulisse aus »Elle Bistro«, sehr ansprechend, nicht überdreht und auch nicht überladen, mit alten Reklameschildern und schlichter französischer Typografie und ein bisschen Musik im Hintergrund, die an Neo-Paris erinnert.

Dabei war das Bistro früher, bevor es lange leer stand und erst reanimiert werden musste, eine alte Metzgerei. Die schöne Jugendstildecke aus Glas steht unter Denkmalschutz und soll, neben der des Parlin (siehe Seite 144) in der Altstadt, die eine von eben nur zweien in Düsseldorfer Restaurants sein.

Die Küche ist gut und frisch, mit entsprechenden Salataufbauten für Vegetarier, mediterran mit gelegentlichen nordafrikanischen Einflüssen wie zum Beispiel bei einer Gemüse-Kichererbsen-Suppe. Es gibt bei dem meist jungen Publikum eine sehr beliebte Tageskarte (die sich in einem knappen Dutzend Angeboten schnell von Nord nach Süd bis in die Provence spielt), und für die echten Parisiens unter den Düsseldorfern werden tiefe französische Akkorde der echten Bistro-Küche ganz schnörkellos gespielt: Zwiebelsuppe, Schnecken, Confit de canard, Tarte Tatin und die unverzichtbare Crème brulée.

Adresse Münsterstraße 115, Derendorf, Tel. 0211/131300 | **ÖPNV** Straßenbahn 701, 704, Bus 834, Haltestelle Rather Straße | **Öffnungszeiten** Mo–Fr 9–15 und 18–24 Uhr, Sa 18–24 Uhr, So geschlossen | **Internet** www.lelocal.de

PREISKATEGORIE ■☐☐☐

49_Lee Ma Tcha
Bis tief in die Nacht

Auch die beiden jungen Koreanerinnen hinter der Theke sind ein Grund, ins Lee Ma Tcha zu gehen. Sie assistieren der Köchin und sorgen dafür, dass die meist männlichen Gäste nicht vor leeren Gläsern sitzen. Koreaner trinken gern und manchmal viel, aber nur dann, wenn auch ein paar delikate Speisen angeboten werden, die das Trinken absichern. Um koreanisches Essen zu genießen, braucht man keine kulturgeschichtlichen Vorkenntnisse wie etwa beim japanischen; auch keine Bereitschaft, sich eventuell dem Unbekannten oder zumindest Ungewöhnlichen auszuliefern wie beim chinesischen. Koreanisches Essen ist in seinen wesentlichen Grundzügen relativ einfach besetzt: Chili, Knoblauch und süße Essig-Soja-Saucen, in denen Fleisch mariniert wird. Es schmeckt also immer, und die koreanische Küche ist in den allermeisten Gerichten kompatibel mit europäischen Vorstellungen von pikanten Speisen. Allenfalls das einzigartige Kimchi (gegorener und scharf eingelegter Kohl oder Rettich), das es nur in der koreanischen Küche gibt, braucht eine kurze Eingewöhnung, bis man ihm verfällt.

Das Lee Ma Tcha besteht praktisch aus einer Theke. Auf einem ganz gewöhnlichen Elektroherd mit vier Platten wird gekocht. Nur auf Bestellung, frisch und ganz individuell. Das Angebot ist demnach einigermaßen klein, aber so groß, dass man nicht alles an einem Abend (der manchmal bis spät in die Nacht hineinreicht) essen kann. Man wird also wiederkommen, zumal das kleine Lokal unter kulinarischen Gesichtspunkten der attraktivste Fluchtpunkt im asiatischen Zentrum Düsseldorfs ist, wenn andere Lokale längst geschlossen haben.

Als Nicht-Koreaner wird man sich die Namen der Gerichte kaum merken, und als Neueinsteiger wird man sich selten unter ihnen etwas vorstellen können. Deshalb sind sie auf der Speisekarte auf kleinen Bildern dargestellt, auf die der polyglotte und neugierige Esser nur zu zeigen braucht.

Adresse Klosterstraße 53, Stadtmitte, Tel. 0177/2677338 | **ÖPNV** Straßenbahn 707, Haltestelle Klosterstraße | **Öffnungszeiten** Mo–Sa 18–2 Uhr, So geschlossen

PREISKATEGORIE ■■□□

50__Lezzet

Neutürkische Varianten

Lezzet heißt Wohlgeschmack, und man kann den Namen des Restaurants als eine Art Versprechen auffassen. Die Köche bemühen sich, jeder Speise einen den Produkten angemessenen Geschmack zu geben, eine gewisse mediterrane Intensität, was ihnen immer dann gut gelingt, wenn sie sich ganz auf die türkischen Ursprünge der Gerichte konzentrieren. Ihre kalten und warmen Vorspeisen sind den besten italienischen Antipasti vergleichbar. Es gibt etwa zwanzig verschiedene, und als neugieriger Esser ist man mit den gemischten Angeboten auf der richtigen Seite.

Die türkische Küche ist eine der ältesten Fusion-Küchen der Welt. Schon vor einigen hundert Jahren hat sie umgesetzt, was heute in Zeiten der Globalisierung ein weltweiter Trend ist. Das Osmanische Reich umfasste praktisch das ganze nordafrikanische Mittelmeer und große Teile Vorderasiens. Seine Heere und Köche standen auch vor Wien. In seiner 600-jährigen Geschichte wurden Einflüsse aus vielen Ländern in die osmanische Küche integriert, und noch heute grenzt die Türkei an acht Länder, mit denen sie Lebensmittel und Essvorlieben austauscht.

Die Küche des Lezzet ist bei allen historischen Schwergewichten leicht, modern, eine neu-türkische Variante, die sich in vielem ganz aktuellen Esstendenzen öffnet. Gelegentlich machen die Köche etwas überflüssige Zugeständnisse an mitteleuropäische Essgewohnheiten, wenn sie kleine Deko-Salate zu den Hauptspeisen servieren oder sich mit starken Gewürzen, mit Knoblauch, Chili, Rosenwasser oder Honig, den klassischen Zutaten türkischer Gerichte, zurückhalten und ein bisschen die Rucola- und Balsamico-Taste drücken.

Fische sind hier immer eine Empfehlung. Man sucht sie selbst aus der Vitrine aus, bespricht die Zubereitungsart für den Fall, dass man besondere Wünsche hat, und wer das manchmal nervige Grätengemetzel auf dem Teller scheut, kann sich den Fisch filetieren lassen.

Adresse Seydlitzstraße 55, Derendorf, Tel. 0211/93896376 | **ÖPNV** Bus 721, 722, 758, Haltestelle Bankstraße | **Öffnungszeiten** täglich 11.30–23 Uhr | **Internet** www.restaurant-lezzet.de

PREISKATEGORIE ■■□□

51__Lieblings
Hinter Glas

Es ist eine der interessantesten Locations für ein Restaurant. Früher waren hier eine Werkstatt und eine Art Verkaufssalon für exquisite Oldtimer untergebracht, ebenerdig in einem City-Parkhaus mit Tankstelle und Waschstraße. Man kann den Ort also als recht schräg bezeichnen, ultra-urban, mit einem gewissen Industrial Chic: offen verlegte Rohre und Leitungen, Werkstattlampen und ein zusammengewürfeltes Mobiliar, das auch nach Jahren noch irgendwie improvisiert aussieht.

Die Küche lebt von einer intensiven »grünen Seele«. Das war früher in den Anfängen schon so, als das Restaurant eines der preisgünstigsten (gemessen an der Küchenleistung) war und besonders bei Halbvegetarierinnen hoch im Kurs stand. Daran hat sich bis heute wenig geändert, allenfalls die Preise sind leicht, aber verträglich nach oben geklettert. Noch immer gibt es jede Menge Salatkombinationen, mit den unverzichtbaren Putenstreifen, aber auch in rein veganen Angeboten. Wem also Fisch und Fleisch nicht ganz so wichtig sind wie das manchmal knallbunte Drumherum, ist hier zweifellos in seinem Lieblingsrestaurant. Die Köche legen ihren ganzen Ehrgeiz in intensive Saucen, Marinaden, Dips, Pestos und Gemüse-Kräuter-Variationen. Ganz gleichgültig, was man bestellt: Man bekommt immer eine konzentrierte und sehr vielschichtige Geschmacksladung auf die Teller. Penne werden beispielsweise mit einer ungewöhnlichen Gemüse-Grünkern-Bolognese serviert, und ein sehr cremiges Risotto mit Minze, Zitrone und grünem Spargel zum Zanderfilet dürfte eine rheinisch-italienische Küchenphantasie sein oder die Erinnerung an einen Urlaub in Sizilien (ohne Zander). Die Lust auf vollmundigen Geschmack zeigen auch ein Mandel-Paprika-Anchovis-Pesto (zu Linguini) oder ein Trauben-Pinienkern-Chutney zum handwarmen Ziegenkäse. Selbst die ganz normale deutsche Kartoffel wird hier mediterran und exotisch über den Tellerrand gehoben: mit Rosmarin und gerösteten Sesam.

Adresse Stresemannstraße 8, Stadtmitte, Tel. 0211/6001141 | **ÖPNV** U 70, U 74, U 75, U 76, U 77, U 78, U 79, Straßenbahn 701, Haltestelle Steinstraße/Königsallee | **Öffnungszeiten** Mo–Sa 12–15 und ab 18 Uhr | **Internet** www.lieblingsweb.de

PREISKATEGORIE ■■□□

52 Linguini
Die unbekannte Seite

Seit die damals 20-jährige Sophia Loren in dem neorealistischen Film »Das Gold von Neapel« eine von ihren Leidenschaften beherrschte Pizzabäckerin spielte (die einen Ehemann und einen Liebhaber hat), isst die ganze Welt Pizza. Oder Spaghetti. Das war 1954. Und seitdem bemüht man sich, die Küche Italiens überall auf sehr wenige Zutaten und auf eine Handvoll typischer Urlaubsgerichte zu reduzieren.

Die italienische Küche ist ein Mythos. In Wirklichkeit gibt es sie nicht. Aber es gibt Regionalküchen! In den 21 Regionen Italiens wird sehr unterschiedlich gekocht, auch wenn die Küstenküche Kampaniens in ihrer erschütternden Einfachheit im Großen und Ganzen das Bild bestimmt.

Seit einem halben Jahrhundert wird gerade in vielen Restaurants außerhalb Italiens ununterbrochen an diesem Mythos gearbeitet, der die etwa 2.500 bekannten italienischen Rezepte auf zwei Dutzend reduzieren möchte. Er ist leicht zu realisieren und außerordentlich profitabel.

Im Lauf der Jahre entstand der Eindruck, dass italienisches Essen nur für Touristen gekocht und von sehr charmanten Laiendarstellern serviert wird. Tatsächlich aber sind die Regionen Italiens bäuerlich geprägt. Ihre Küchen sind schwer und manchmal fett wie die Würste in Bologna. Abseits der Küsten spielen Schweine und ihr Schmalz die größten Rollen.

Das gilt zwar nicht für die Küche des Linguini, aber sie erinnert doch daran, dass es außer Olivenöl, Limettensauce und passierten Tomaten noch ein paar andere Dinge auf den Tellern gibt, die man unbedingt probieren sollte. Raviolini mit Maronenfüllung in einer kräftigen Rotweinsauce ist so ein selten angebotenes Gericht. Oder die größeren Ravioli, gefüllt mit Ricotta und Spinat, in einer sehr ungewöhnlichen, sämig-süßlichen Sauce, die aus passierter Roter Bete gekocht wurde. So stehen auf der Wandtafel des Linguini für gewöhnlich die Speisen, die Italien von einer fast unbekannten Seite zeigen.

Adresse Rochusstraße 44, Eingang Bagelstraße, Pempelfort, Tel. 0211/36779693 | **ÖPNV** Straßenbahn 704, Haltestelle Rochusmarkt | **Öffnungszeiten** täglich 10–23.30 Uhr, Küche 12–23 Uhr | **Internet** www.linguini-duesseldorf.de

PREISKATEGORIE ■ ◻ ◻ ◻

53__ Löffelbar
Schnelle Teller

Die Löffelbar war lange Zeit das Lieblingsrestaurant ziemlich bester Freundinnen. In mancher Hinsicht ist sie das noch immer. Man isst in einem Restaurant, aber es wird nicht erwartet, dass man sich durchisst. Suppe und/oder Salat reichen aus, und das Konzept gefiel von Anfang an.

Aber die Konkurrenz blieb natürlich nicht hinterm Ofen liegen, und es gibt mittlerweile eine ganze Menge Restaurants, die diese mit leichter Hand gekochte Idee auf die Tische bringen: viele Suppen (sogenannte Lieblings- und Spezialsuppen), Salate mit und ohne Putenbruststreifen, Kurzgebratenes wie Zürcher Geschnetzeltes und nur ganz wenig, dessentwegen man nach dem Essen auf die Waage klettern müsste.

Die auch in der Löffelbar neuerdings beliebten Hamburger sind unter diesem Aspekt schon die kräftigsten Angebote. Zu den *homemade* Burgern passt ganz gut der Coleslaw, der in den Tagen unserer Altvorderen noch schlicht Krautsalat hieß. Hier kommt er auch zu Kürbisspalten auf den Tisch, die auf der Speisenkarte das »Glück der Veganer« genannt werden. Irritierender als diese euphorische Benennung ist die Empfehlung, Orangen-Ingwer-Eistee (hausgemacht und einmalig zum Bundle-Sonderpreis) zu Flammkuchen mit Lachs oder zu Hackbraten mit Möhrengemüse zu trinken. Das Angebot gilt aber nur mittags und wird von dem Versprechen begleitet, spätestens nach 15 Minuten bedient worden zu sein. Also durchaus etwas für Eilige.

Wer aber das Business Lunch ignoriert (vielleicht weil er gerade keinem Business nachgeht), kann in der Löffelbar ganz ausgiebig frühstücken, mit allem, was die Frühstücksphantasien hergeben, immerhin bis 16 Uhr. Die Frühstückskarte mit vielen Kombinations- und Ergänzungsmöglichkeiten (die hier Sides heißen: Scheibe Wurst, Käse, Marmelade etc. extra) nennt fast dreißig Positionen. Am Wochenende soll sie noch um einiges umfangreicher sein.

Adresse Tußmannstraße 3, Pempelfort, Tel. 0211/4403278 | **ÖPNV** Straßenbahn 706, Haltestelle Tußmannstraße | **Öffnungszeiten** Mo–Fr 10–1 Uhr (Mittagstisch 11–15 Uhr), Sa und So 9–1 Uhr | **Internet** www.loeffelbar.de

PREISKATEGORIE ■■□□

54_Malinas
Nackte Piroggen

Vielleicht liegt der Erfolg, den dieses fast durchdekorierte Restaurant vor allem bei Frauen hat, auch am Namen. Man denkt an Ingeborg Bachmanns grandiosen Frauenroman »Malina«, der für die Selbstfindung und Selbstbestimmung der sexuell hyperaktiven und kettenrauchenden Bachmann-Generation so wichtig war (rauchen darf man hier natürlich nicht!).

Vielleicht liegt der Erfolg aber auch an den fulminanten Salataufbauten, die wassermelonengekrönt über die Theke gehen. Die Malina-Salate sehen aus wie altehrwürdige Fit-for-Fun-Ondulationen, so knackig grün gestylt, als habe Kochschwarm Jamie Oliver in seiner Lieblingsrolle als Naked Chef die Blätter höchstpersönlich vom Stängel gezupft und der neue Stern des veganen Küchenwunders, der rein pflanzliche Attila Hildmann, die Dressings mit eigener Hand aus dem Mixer gelöffelt.

Salate gibt es ohne und mit Piroggen, denn das Malinas ist auch eine Piroggeria (die sich offiziell Pierrogeria schreibt), also ein Lokal, in dem sich viel um die polnischen Piroggen (polnisch: Pierrogis) dreht. Polnische Piroggen sind kleine, zu einer gewissen Fettleibigkeit neigende Teigtaschen, deren Inhalte seit dem Fall des Eisernen Vorhangs 1989 fabulös sind. Auch im Malinas gibt es sie deshalb mit Spinat und Feta oder mit Zucchini und getrockneten Tomaten. Ursprünglich waren sie mit Gehacktem, mit Weißkohl, Sauerkraut, Pilzen oder Käse gefüllt. Piroggen gibt es gekocht und gebraten; man kann sie als Vorspeise, in Suppen, als kleine und große Hauptgerichte essen, und wer nach einer großen Portion noch nicht genug hat (für Einsteiger empfiehlt sich auf jeden Fall der gemischte Teller), dem bleibt immer noch die süße Nachspeisen-Pirogge mit Apfel, Zimt und getrockneten Pflaumen.

Leider beschränken sich im Malinas die polnischen Gerichte etwas schüchtern auf Borschtsch, Gurkensuppe und Bigos, den Nationaleintopf aus Weißkohl, Wurst und Speck.

Adresse Tannenstraße 31, Derendorf, Tel. 0211/93893800 | **ÖPNV** Straßenbahn 707, 715, Haltestelle Tannenstraße | **Öffnungszeiten** Mo–Fr 12–15 und 18–24 Uhr, Sa 18–24 Uhr, So und feiertags 13–22 Uhr | **Internet** www.malinas-restaurant.de

PREISKATEGORIE ■■□□

55 Matar kocht für euch
Bereit, wenn du es bist

Natürlich möchte man nach dem Essen wissen, wie das Tabouleh gemacht wurde. Denn der Koch hat den Petersiliensalat als den besten beschrieben, den man weit und breit essen könne. Aber preisgeben könne er natürlich nur, was auch auf der Karte steht: Petersilie, Tomaten, Weizengries. Man dürfe ihm beim Kochen zuschauen, schließlich gäbe es keine offenere Küche als die seine. Aber ein paar Geheimnisse müsse er auch für sich behalten. Zum Beispiel das Geheimnis seines Tabouleh. »Sie werden kein besseres finden. Wenn Sie doch eines finden, sagen Sie mir Bescheid.« Das gilt nach Matars selbstbewusster Einschätzung auch für sein Hummus. Sein Kichererbsenpüree ist tatsächlich ungewöhnlich leicht, fast elegant, von einer schönen Farbe und mit einem weichen, samtigen Olivenöl zubereitet. Wo gibt es ein besseres?

Matar ist ein Meister der orientalischen Küche. Aber auch einer der deutschen und, was zunächst überrascht und die Neugierde noch mehr beflügelt, ein Meister der südamerikanischen Küche. In ihr sieht er den Stern, dem man in Zukunft folgen sollte.

In seinem winzigen Restaurant, in dem ungefähr zwölf Leute gleichzeitig bekocht werden können, pflegt er ein sehr persönliches Cross-over, eine Küche, in die er alles einbringt, was er selbst schätzt. Seine Kreativität findet sich dabei in den Nuancen: denn Tabouleh, Hummus, Ente, Zander, Fischsuppe gibt es schließlich überall. Aber eben nirgendwo so wie bei ihm. Und sein Anspruch sei natürlich nicht nur der, die Dinge anders zu machen: Er mache sie auch besser. Man wird ihm kaum widersprechen. Es ist unverkennbar die Signatur eines Mannes, der seine eigenen Regeln bestimmt.

Die Speisenkarte wechselt mit den Jahreszeiten. Zum Essen gibt es passende und angenehm preiswerte Weine, und wer früh genug, wenn noch wenig los ist, kommt, wird durch allerlei Anekdoten und Einsichten belohnt, die sich um Düsseldorfs fabulöse Gastro-Szene drehen.

Adresse Kirchfeldstraße 131, Friedrichstadt, Tel. 0211/97712350 | **ÖPNV** Straßenbahn 707, 708, Haltestelle Fürstenplatz | **Öffnungszeiten** Di – Fr 11.30 – 22 Uhr, Sa und So 14 – 22 Uhr, Mo geschlossen | **Internet** www.matar-kocht-fuer-euch.de

PREISKATEGORIE ■◻◻◻

56_Menta
Ein Kraut für alle Fälle

Schlicht und ergreifend – so kann man die Küche des Menta beschreiben. Die italienische Neigung, sich kulinarisch möglichst einfach, kurz gekocht und dennoch effektvoll zu zeigen, bei optimaler Kalkulation, ist in diesem kleinen Lokal besonders ausgeprägt. Jedem Gericht wird mindestens ein kräftiges Kraut beigegeben, möglichst in seinem Rohzustand belassen, am liebsten Minze und Rosmarin, Thymian und Rucola, das Kraut, das in manchen Restaurantküchen zu wachsen scheint. Hier ist die gute alte Rauke so beliebt, dass sie sogar eine eigentümliche Pizzakreation benennt: Pizza Rucola mit Parmaschinken und Parmigiano.

Am Ende hat man immer etwas auf den Tellern, das schmeckt und hübsch aussieht. Manches ist auch ganz ungewöhnlich wie beispielsweise ein mit Zimt aromatisiertes Schmorfleisch vom Rind auf Couscous. Weihnachten auch im Sommer und mit arabischen Klängen. Eine passende Ergänzung wäre dazu der Bulgursalat mit Walnuss-Paprika-Pesto oder die Strozza-preti all'arrabbiata, die schon die Sizilianer von den Arabern übernahmen.

Überhaupt gibt es wirkungsvolle Zitate aus der nordafrikanischen Mittelmeerküche. Die Minzsuppe könnte direkt aus der Kasbah Casablancas importiert sein, und eine andere, sehr spezielle Pizza mit frischen Feigen hat ihren kreativen Ursprung bestimmt in dem Wunsch, den gesamten Mittelmeerraum in einem einzigen Gericht originell zu vereinen.

Ob nun die Küche allein den Erfolg dieses schlichten Restaurants erklären kann, ist nicht ganz sicher, aber vieles liegt bestimmt an dem vertraut herzlichen Ton, den die Kellner mit ihren Gästen pflegen und die Gäste umgekehrt mit den Kellnern. Meist ist man per Du, und im Sommer, an warmen Abenden, ist die Straßenterrasse so voll und dauerhaft besetzt, dass der durchaus starken Konkurrenz, die links und rechts und gegenüber ihre eigenen Restaurants betreibt, der Löffel aus dem Mund fällt.

Adresse Lorettostraße 25, Unterbilk, Tel. 0211/9304483 | **ÖPNV** Straßenbahn 704, Bus 725, Haltestelle Polizeipräsidium | **Öffnungszeiten** Mo–Fr 12–14.30 und 18–23 Uhr, Sa 18–24 Uhr, So 17.30–23 Uhr | **Internet** www.menta-cucina.de

PREISKATEGORIE ■ ◻ ◻ ◻

57 __ Meuser
Die Nostalgie der Nostalgie

Nachmittags kommen die Leute zu Kaffee und Kuchen. Meusers Himbeerkuchen gibt es über das ganze Jahr, und niemand, der ihn isst, wird ihn nicht loben. Ein Sonntagnachmittagskuchen, hausgebacken und immer fruchtig bis unter die Sahnehaube, ein bisschen old-fashioned wie früher im Sommer, als man noch Sonntagsanzüge trug. Mit Filterkaffee schmeckt er naturgemäß am besten. Es gibt aber auch Cappuccino, wenn man das möchte – zumindest so etwas Ähnliches. Auch mit Sahne, deutsch-italienisch.

An Meuser knüpfen sich viele Erinnerungen. Es gab eine Zeit, als das Alte Bierhaus noch fast in den Feldern lag, weit hinter Düsseldorf, ein Ausflugsziel auf dem Land, und daran erinnern sich noch einige, die hier nach einem Leben wieder einkehren und ihren kollektiven Wohlfühlmomenten von damals nachhängen.

Kein Stadtteil hat sich so stark verändert wie Niederkassel. Wo früher Kleinbauern und Treidler lebten, haben sich heute Gynäkologen und Steuerberater eingerichtet. Dennoch ist sich Meuser immer gleich geblieben. Eine Wirtschaft auf dem Land eben. Auch wenn das Land längst verbaut und kaum noch sichtbar ist.

Dunkel, behaglich, romantisch ist der Schankraum – ganz aus der Zeit, wie früher. Nur wenig wurde verändert. Und weil es noch immer so ist, wie es einst war, schmecken hier ein Strammer Max (Schinken und zwei Spiegelei auf Brot) und die »Große feine Bockwurst mit Kartoffelsalat« viel besser als anderswo und vor allem authentisch.

Aber richtig angekommen und richtig da gewesen ist man erst, wenn man Meusers Pfannekuchen gegessen hat. Die gibt es nur paarweise, in entsprechend doppelter Größe, mit Speck oder mit Konfitüre und so viel Zucker, dass die Zahnärzte, die mittlerweile in Niederkassel wohnen, aufschreien (müssten). Meusers Speckpfannekuchen zählen zu den großen nostalgischen Hinterlassenschaften der echten niederrheinischen Küche.

Adresse Alt-Niederkassel 75, Niederkassel, Tel. 0211/551272 | **ÖPNV** Bus 833, Haltestelle Heinsbergstraße | **Öffnungszeiten** Di–Sa 15–23 Uhr, Küche 18–22 Uhr, So 11–23 Uhr, Küche 12–14.30 und 18–22 Uhr, Mo geschlossen | **Internet** www.meuser1853.de

PREISKATEGORIE ■■□□

58 Münstermanns Kontor
Zwiebel / Gurke / Speck

Es gab eine lange Zeit (die schon 1885 recht bescheiden mit einem Marktstand begann), als Münstermann gleichbedeutend mit gutem Essen in Düsseldorf war. Wer auf sich hielt und halten konnte – es war meistens durchaus eine Frage des Geldes –, kaufte seine Lebensmittel bei Münstermann.

Als Matthias Münstermann sein Restaurant eröffnete – damals gab es noch die Delikatessen-Geschäfte der Eltern nebenan –, waren die Erwartungen entsprechend hoch. Und wie es manchmal so geht im Leben: Alle Erwartungen wurden erfüllt, vielleicht sogar übertroffen, jedenfalls waren die Tische umgehend besetzt. Das ist bis heute so geblieben.

Nach dem langsamen Absterben der alten Marktwirtschaft am Carlsplatz fehlte ein irgendwie frankophil-rheinisch geartetes Bistro-Restaurant, in dem sich das Publikum der auch heute noch klassizistisch geprägten Carlstadt in ihrem eigenen sozialen Glanz wohlfühlen konnte. Wer gern und sicher zwischen Galeristen, Antiquitätenhändlern, Immobilienmaklern, Altstadthausbesitzern und potenten Einkaufstrupps sitzen möchte, muss noch immer früh genug einlaufen. Nachmittags ist es leichter, einen Platz zu bekommen. Aber für gewöhnlich hat man dann keinen Hunger. Der kommt allerdings auch hier spätestens mit dem Essen: Deshalb gibt es die Suppen nicht nur in kleinen und großen Portionen, sondern auch als »Tässchen«. Man kann also sehr vorsichtig beginnen, bevor dann die Angelegenheiten auf den Tellern größer und massiver werden. Geboten wird je nach Markt- und Wetterlage ein kräuterintensiver Italien-Frankreich-Mix, modern und dekorativ wie aus einem Lifestyle-Magazin. Regionale Bedürfnisse werden mit dem unvermeidlichen Wiener Schnitzel befriedigt, aber auch mit den immer seltener werdenden Reibekuchen, mit Heringsstipp »Hausfrauen Art« oder einer total nostalgisch anmutenden Rinderroulade »Zwiebel / Gurke / Speck«.

Adresse Hohe Straße 11, Carlstadt, Tel. 0211/1300416 | **ÖPNV** Bus 726, Haltestelle Carlsplatz | **Öffnungszeiten** Di–Fr 11–22 Uhr, Küche Di–Fr 11.30–20.30 Uhr, Sa 11–18 Uhr, Küche 11.30–16.30 Uhr, So, Mo und feiertags geschlossen | **Internet** www.muenstermann-delikatessen.de

PREISKATEGORIE ■■◻◻

59__Muggel
Küche und Kino

Soll man drinnen sitzen? Oder lieber draußen stehen? Das ist eine Frage, die man durchaus auch als Nichtraucher beantworten muss. Draußen ist es jedenfalls kurzweiliger, mobiler, agiler, und wer gern grüßt oder gegrüßt wird (die Oberkassler sind die höflichsten Düsseldorfer!), wird sich für draußen entscheiden. Man erfährt einfach mehr, und die Möglichkeiten, eine gute Figur abzugeben, sind im Stehen natürlich sehr viel größer als im Sitzen. Sich selbst gut in Position zu bringen ist den Oberkasslern ein selbstverständliches und ganz natürliches Anliegen. Wie man überhaupt gern ins Muggel geht, weil man hier mit seinem Status ziemlich locker umgehen kann. Der Charme des Beiläufigen beherrscht bis heute die Szene: mal eben schauen, was so abgeht, und mal gucken, wer so da ist. Man trifft immer einen, den man kennt. Im Muggel waren übrigens alle Oberkassler irgendwann, die meisten schon als Schüler, und dieser Umstand gibt selbst den bereits leicht Melierten und lässig Ergrauten noch etwas Schülerhaftes.

Wer essen möchte, muss selbstverständlich Platz nehmen (Tapas bekommt man aber auch an der Theke) – und zumindest abends sollte man reservieren. Wegen der guten Figur, die man gern machen und auch behalten möchte, sind die meisten Speisen diätisch, kalorienarm, mit wenig Fett zubereitet und meist auch nicht besonders groß. Es gibt Salate in den bekannten Varianten mit Hähnchenbrust und gratiniertem Ziegenkäse, Carpaccio vom Rind oder vom Lachs, Scampis und Garnelen, Roastbeef und Tafelspitz. Alles in allem wird gut gekocht und schnell serviert. Die Kellnerinnen und Kellner tänzeln beidhändig bepackt zwischen den Tischen und den auch im Lokal orientierungslos Herumstehenden (manchen ist es draußen zu kalt). Das Muggel ist eng. Noch enger wird es, wenn aus dem Souterrain, dem legendären Kultkino unter dem Muggel, die Cineasten blinzelnd aus dem Kinokeller in das helle Licht der Oberkassler Wirklichkeit treten.

Adresse Dominikanerstraße 4, Oberkassel, Tel. 0211/554182 | **ÖPNV** U 74, U 75, U 76, U 77, Bus 805, 833, Haltestelle Barbarossaplatz | **Öffnungszeiten** Mo – Do 8.30 – 1 Uhr, Fr 8.30 – 2 Uhr, Sa 9 – 2 Uhr, So 9 – 1 Uhr, Küche 12 – 15 und 18 – 23 Uhr | **Internet** www.cafe-muggel.de

PREISKATEGORIE ■■■■

60_Nagaya
Der Geschmack im Unendlichen

Die japanische Küche war Anfang der 1970er Jahre das Vorbild für die Nouvelle Cuisine. Wenn man von den Chemiebaukästen des spanischen Avantgardisten Ferran Adrià Acosta einmal absieht, der zeitweilig seine Experimente an lebenden Neureichen ausprobierte, ist sie das bis heute geblieben. In der Neuen Nordischen Küche, die gegenwärtig weltweit für Begeisterung sorgt, liegen die Prinzipien der klassischen japanischen wieder unverstellt auf den Tellern: Naturnähe, subtile Ästhetik und Produkte, deren Eigengeschmack durch raffinierte Kompositionen betont wird.

Yoshizumi Nagaya ist der einzige japanische Koch in Deutschland, der bisher mit einem Michelin-Stern ausgezeichnet wurde. Er wurde von Tishiro Kandagawa ausgebildet, einem eisenharten Verfechter der klassischen Kaiseki-Küche, der jede »Fusionierung« mit anderen Küchen ablehnt. Kaiseki ist die reine, für Europäer unfassbare Lehre, ein vom Shintoismus und der Ethik der Samurai beeinflusstes mehrgängiges Menü. Nicht jeder darf es genießen – in einigen Kaiseki-Restaurants braucht man einen persönlichen Bürgen, um überhaupt eingelassen zu werden.

Nagaya betont, dass seine Menüs sich von den klassischen japanischen unterscheiden. Er ist ihnen dennoch treu geblieben. Um sich den europäischen Bedürfnissen anzukochen, arbeitete er einige Zeit bei Nobu Matsuhisa, der für seine telegene Fusionsküche bekannt ist.

Auch Nagaya fusioniert. Das Omakase (»Vertrau dem Koch!«) genannte Menü umfasst eine überwältigende Anzahl von kleinen Einsteigern, verschiedene Vorspeisen (beispielsweise eine Art Gänsestopfleber-Terrine mit getrüffelten Kroketten), Sashimi-Variationen, vier Sushis, einen Fisch- und einen Fleischgang. Das aktuelle Menü kostet in seiner wunderbar arrangierten Gesamtheit, die man kaum anzurühren wagt, 169 Euro. Wer statt des spanischen Filets original Kobe-Rind zum Hauptgang möchte, zahlt 38 Euro Aufpreis.

Adresse Klosterstraße 42, Stadtmitte, Tel. 0211/863963 | **ÖPNV** Straßenbahn 707, Haltestelle Klosterstraße | **Öffnungszeiten** Di–Sa 12–14 und 19–22 Uhr, So und Mo geschlossen | **Internet** www.nagaya.de

PREISKATEGORIE ■□□□

61_Naniwa Noodles & Soups
Bitte hinten anstellen!

Es ist manchmal nicht zu glauben: Bei Regen, Sturm, Eiseskälte und der größten Hitze stehen die Leute Schlange, als sei dies die einzige Möglichkeit in dieser Gegend, um an eine warme Mahlzeit zu kommen. Im Winter in Decken gehüllt und im Sommer mit Frischwasser versorgt, lesen sich die Wartenden zur Aufmunterung aus den Speisenkarten vor. Manche verfallen dennoch in Schwermut, andere platzen fast vor Vorfreude, manche sind stolz, einfach dabei zu sein.

In den umliegenden asiatischen Restaurants gäbe es genügend Plätze, aber es muss hier sein, denn das lange Schlangestehen macht das Essen im Naniwa zum Erlebnis. Und im Takumi, der Suppen-Alternative in der Immermannstraße, sieht es auch nicht besser aus: Auch dort stehen Leute in einer langen Reihe auf dem Bürgersteig und freuen sich, wenn sie endlich eingelassen werden.

Es geht um Nudelsuppen. Die wie die Nudeln Ramen genannten Suppen sind kulinarisch betrachtet schlichte Angelegenheiten, die entweder nach Sojasauce, Misopaste oder nach Salz schmecken. Shoyu-Ramen, Miso-Ramen und Shio-Ramen (alle drei basieren auf Dashi, einer Brühe aus Bonitoflocken) werden mit so ziemlich allem angereichert, was gefällt: Huhn, Fisch, Rinder- und Schweinefleisch, auch vegetarische und vegane Varianten sind möglich. Dabei spielt die japanische Esstradition, die sich auf sehr wenige Zutaten beschränkt und in einer für Europäer nur schwer vermittelbaren »Geschmacklosigkeit« ihr altes Ideal sieht, kaum noch eine Rolle. Im Naniwa werden aktuell zwanzig Suppen angeboten, außerdem Yakisoba (gebratene Nudeln) und Gyoza (gefüllte Teigtaschen). Die kleinen Menüs, in denen von allem etwas zu haben ist, werden nach den japanischen Bieren benannt, die man zu ihnen trinkt.

Am besten weiß man schon draußen auf der Straße, was man drinnen essen möchte. Denn drinnen geht dann alles furchtbar schnell.

Adresse Oststraße 55, Stadtmitte, Tel. 0211/161799 | **ÖPNV** Straßenbahn 707, Haltestelle Klosterstraße | **Öffnungszeiten** Mo und Mi–So 11.30–22.30 Uhr, Di geschlossen | **Internet** www.naniwa.de

PREISKATEGORIE ■■■□

62 Nöthel's

Früher war mehr Lametta

Ob man das Ranking nun mag oder nicht: Michelin-Sterne sind die höchste Auszeichnung, die Restaurants weltweit erreichen können. Drei sind die absolute Spitze, eine Ehrung, die man mit der Aufnahme in die Hall of Fame des Rock 'n' Roll vergleichen kann. Peter Nöthel hatte in seinem mittlerweile geschlossenen Hummerstübchen zwei Sterne und kochte zeitweise wie einer, der einen mehr verdient hätte. Neben dem genialen Jean-Claude Bourgueil (siehe Seite 60 und und 84) war Nöthel der Großmeister der hohen Kochkunst in Düsseldorf.

Sein neues Restaurant ist besser designt als das alte, heller, bunter und moderner, verschönt durch die vielen Presseartikel über Nöthel, mit denen er hier die Wände tapezieren kann. Er ist auch heute noch ein großartiger Koch, jemand, der sich selbst nicht verleugnet, aber den Stress und die Besserwisser meidet, die das Leben als Sternekoch mit sich bringt. Kochen auf Sterneniveau hat etwas Unmenschliches: Die Forderungen an eine »perfekte Küche« verzeihen keine Fehler, und wer sie macht, wird mit Spott, Schadenfreude und Verbannung bestraft.

Im Nöthel's geht es heute in allem viel lockerer zu als damals im manchmal etwas angespannten Hummerstübchen. Nöthel kocht nach wie vor eine virtuose, aber jetzt unkompliziertere, auch preislich locker kalkulierte Küche. Er mag es asiatisch, zum Beispiel mit Gemüse-Dim-Sum auf Glasnudelsalat oder Ikarimi-Lachs im Noriblatt. Oder er kocht mediterran: geröstete Garnelen mit Aioli, andalusische Gemüsesuppe und Carpaccio von der Kalbshaxe. Manchmal macht er es deutsch oder sogar rheinisch, nach Lust und Laune, was ein selten gewordener Luxus in Küchen ist.

Die Michelin-Tester können nicht von ihm lassen. Sie möchten wissen, ob er nicht doch etwas Sternenstaub in die Gerichte mischt. Vorerst haben sie Nöthels Bistro-Crossover mit einem »Bib Gourmand« ausgezeichnet: »für bestens gemachte Mahlzeiten unter 35 Euro«.

Adresse Bonifatiusstraße 35, Lörick, Tel. 0211/594402 | **ÖPNV** Bus 833, SB 51, Haltestelle Hubert-Hermes-Straße | **Öffnungszeiten** Di–Fr 12–14 und 18.30–22 Uhr, Sa 18.30–22 Uhr, So und Mo geschlossen | **Internet** www.noethels.de

PREISKATEGORIE ■■□□

63_Nooij
Das Vermächtnis der Tanten

Eigentlich ist das Nooij ein zurückhaltend cooler Laden, gut designt mit einigen optisch schönen und konzeptionellen Ideen. Umso überraschender ist es, dass es mittags recht familiär und deftig zur Sache geht: Waldpilzgulasch mit Nuss-Spätzle, Rinderroulade mit Speck oder Landbratwurst mit Blumenkohl. Auch ein paar Tanten von Nene Nooij, dem Koch und Besitzer, sind am Start, zumindest einige nach ihnen benannte Gerichte. Tante Tillys Kohlroulade mit Speck-Rosinen-Sößchen kam an einem Dienstag auf den Tisch, an einem Mittwoch Tante Dorles Putenrollbraten mit Lauch-Tomaten-Gemüse. Muttis Kartoffelpuffer mit Apfelkompott sind an einem Donnerstag eine vegetarische Alternative zu Hacksteak mit Schmorzwiebeln. Mit den Wochentagen wechseln die Angebote, jeweils eins mit und eins ohne Fleisch, und lassen sich tagesmenümäßig mit Suppe, manchmal auch mit Salat, preiswert kombinieren (komplett zweigängig 8,50 Euro). Zusätzlich gibt es noch sogenannte Wochenspecials (große Salate, Eintöpfe, Tartes), die von Montag bis Freitag zu haben sind.

Abends wird dann allerdings der gutbürgerlich durchkochte Pfad verlassen. Der nackte (und bissfeste) Pulpo auf einem geometrisch exakten Bulgursalat-Zylinder könnte durchaus einem futuristischen Präsentationsideal entsprechen. Auch die Zutaten haben abends den schweren Boden familiärer Erinnerungsstücke verlassen. Der Krabben-Gurken-Cocktail ist mit Dill und einem Ingwersud leicht und frühsommerlich in Schwung gebracht, Spargelsalat gibt es sehr en vogue mit Erdbeeren, Thaibasilikum und Pecorino, und die Austernpilze, die hier »Falsche Kutteln« heißen (wegen der entfernten, aber möglichen Assoziation), werden recht ungewöhnlich mit Karotten und Sommertrüffeln kombiniert.

Das Nooij ist atmosphärisch mehr Bar, Café und Restaurant, weniger Kneipe und hat im Sommer einen kleinen, aber immer gut besuchten Biergarten direkt auf dem Lindenplatz.

Adresse Hoffeldstraße 37, Flingern, Tel. 0211/6986689 | **ÖPNV** Straßenbahn 709, 719, Haltestelle Hoffeldstraße | **Öffnungszeiten** täglich 10–1 Uhr, Küche bis 23 Uhr | **Internet** www.nooij.de

PREISKATEGORIE ■◻◻◻

64_ Ohme Jupp
Küche der Frauen

Joseph Beuys, der noch immer mit einem Bild und frischen Blumen geehrt wird, aß im Ohme Jupp Schweinebraten mit Erbsen und Möhren noch zu einer Zeit, als es vielleicht tatsächlich einen gab, der Onkel Jupp hieß. Mit seinen später so genannten »Jüngern« saß Professor Beuys hier beim letzten Mittagsmahl. Zumindest tagsüber ist der Ohme das auch heute noch einzige Künstlerkneipenrestaurant Düsseldorfs, in dem auch tatsächlich echte Künstler verkehren: Berühmte Akademieklassen und ihre noch berühmteren Lehrer treffen sich zum Mittagessen oder nachmittags zu Bier und Kuchen (der hier eine eigene männliche Fangemeinde hat).

Während der Woche des jährlichen Akademierundgangs muss man zeitig reservieren, um überhaupt einen Platz zu finden, wenn Galeristen, Sammler, Kaffeesatzleser und ehemalige Hoffnungsträger darüber fabulieren, welche Studenten in Zukunft zu vergolden sind. Abends ist der Ohme meist von pflegeleichten Jurastudenten und BWLern frequentiert, die sich gern mit ein bisschen Sex-and-the-City-Attitüden um vorbestellte Bierfässer zur kalauernden Kontaktaufnahme gruppieren (der Ohme ist übrigens auch die beste Karnevalslocation für Leute, die Karneval zwar kostümiert und durchgeknallt, aber ohne korrekt sitzende Pappnase feiern wollen).

Die Küche transportiert den etwas rustikalen Charme der Köchinnen dekorativ auf die Teller, was besonders den Gästen gefällt, die solide gekochtes Hausfrauenessen favorisieren. Mittags ist es nicht nur gut, sondern auch sehr preiswert, irgendwo zwischen 5 und 7 Euro, eine Suppe und zwei, manchmal drei Tellergerichte zur Auswahl, freitags gibt es auch für Atheisten Fisch. Die in das kollektive Gedächtnis eingeschriebenen Grundarrangements wie Wiener Schnitzel mit Bratkartoffeln, Himmel un Ähd, Grünkohl mit Mettwurst (nur im Winter) oder schlichte Frikadellen (kalt oder warm) sind den ganzen Tag und durchgängig zu haben.

Adresse Ratinger Straße 19, Altstadt, Tel. 0211/326406 | **ÖPNV** U 70, U 74, U 75, U 76, U 77, U 78, U 79, Straßenbahn 701, 703, 706, 712, 713, 715, Bus 780, 782, 785, SB 50, Haltestelle Heinrich-Heine-Allee | **Öffnungszeiten** Mo–Sa 8–1 Uhr, So 10–1 Uhr, Küche bis 23 Uhr

PREISKATEGORIE ■ ■ ■ □

65 Oktopussy
Mit Axel Herrenbrück am Strand

An diesem kuriosen Namen bleibt man hängen. Oktopussy? Ein Restaurant? Ein James-Bond-Film hieß mal so, allerdings mit »c«, und das vor dreißig Jahren. Maud Adams spielte die fast nur im Bikini durchs Bild wackelnde Zirkusdirektorin Octopussy, die gerade den Zarenschatz verhökerte und mit Roger Moore am Strand spielte.

Wer in Pempelfort schon um die Häuser gezogen ist, als es hier noch keine vibrierende Kneipenszene gab, wird sich daran erinnern, dass das Oktopussy mal sehr unspektakulär Postschänke hieß und ein ziemlich verträumter Laden mit Nussautomat und Skatspielern war. Axel Herrenbrück, der das nach ihm benannte Herrenbrück (heute Em Brass, siehe Seite 58) einst mit exzellenten Fischgerichten beseelte, hat sich gemeinsam mit seinem Kompagnon Sven Lahme das Octopussy ausgedacht. Ein netter, rundum gemütlicher Laden am unteren Nervenende der Moltkestraße, etwas dunkel, manchmal auch eng, wenn es bis auf den letzten Platz ausgebucht ist, und mit viel Kunst oben an den Wänden.

Oktopus, die kleine, namengebende Krake, gibt es immer in irgendeiner Form auf der Karte, nach Angebot, Saison und Kochlaune auch durchaus mehrfach: Oktopuscarpaccio mit Thunfischsauce, gebratener Felsenoktopus mit Pastinaken und Backpflaumen, Oktopus mit Garnelen, Mohn und Schafskäse. Viel Meer in diesem Restaurant, das aber tief in seinem Herzen ein richtig gutes Bistro ist. Was auch daran liegt, dass Herrenbrück eine Zeit lang mit dem oft zitierten Robert Hülsmann (siehe Seite 36) kochte.

Wer es mit Fisch und Weichtieren nicht so hat, ist etwa mit einer in Rotwein geschmorten Rinderschulter oder dem Salzwiesenlammrückenhausklassiker immer auf einer angenehmen Seite. Was mit Gänsestopfleberterrine oder gebratenem Schweinbauch mit Linsen beginnt, lässt sich ganz klassisch in der Bistro-Spur mit Crème brulée oder einer Mousse au chocolat beenden.

Adresse Gneisenaustraße 69, Pempelfort, Tel. 0211/97715106 | **ÖPNV** Straßenbahn 701, 707, 715, Haltestelle Dreieck | **Öffnungszeiten** Di–Sa 18–1 Uhr, Küche bis 22 Uhr, So und Mo geschlossen | **Internet** www.oktopussy.de

PREISKATEGORIE ■■■□

66 __ Osteria Saitta
Alte Schule

Es ist ein schönes Restaurant. Die Tische sind eingedeckt, die Weingläser für die großen roten Italiener, die der Abend noch bereithalten wird, funkeln im Kerzenlicht. Große Servietten, niedrige Decken, viel Holz. Es ist diese schlichte Abendfeierlichkeit, die sofort gefällt (mittags hat das Restaurant auch geöffnet!). Wer im Herbst und Winter hier mit Freunden essen möchte, sollte schon im Spätsommer reservieren. Zweifellos ist es ein Restaurant mit Ausstrahlung und Ambiente, und auch die Kellner werden alles tun, damit ihre Gäste einen geglückten, vielleicht sogar sehr stimmungsvollen Abend erleben.

Dennoch muss man hier auf alles gefasst sein. Denn die Osteria gilt noch immer als Geheimtipp. Manche Leute haben ihn gerade für sich entdeckt. Das macht unter Umständen viel Lärm, und manche Ober- oder Niederkasslerin fällt dem Kellner oder Geschäftsführer laut schreiend um den Hals. Man hat sich unter Umständen zwei Tage nicht gesehen, und das ist eine lange Zeit.

Da das alte Café Nussbaum auch heute noch so intim ist, wie es das war, als hier noch Friesentee getrunken wurde, bekommt man eine Menge mit. Das macht natürlich jeden Abend zum Erlebnis, kann aber auch anstrengend sein. Es gibt einfach zu viele interessante Leute in diesem Restaurant, die das auch gern mitteilen … und es gibt eine Menge Leute, die darauf schwören, dass sie nirgendwo authentischer italienisch essen können als hier in Niederkassel.

Das stimmt insofern, wenn man die Küche sogenannter Edelitaliener alter Schule im Sinn hat. Die Antipasti-Vitrine offeriert noch immer alte Schätze, und die Trüffel werden wie in den 1980er Jahren so großzügig über die Spaghetti-Nester gehobelt, als hätte man noch alle Krisen dieser Welt vor sich. Auch die zuckerbestäubten Dessertteller mit den isolierten Erdbeeren am Rand und das rechteckige Porzellan sind wunderbare Erinnerungen an diese Zeit!

Adresse Alt-Niederkassel 32, Niederkassel, Tel. 0211/574934 | **ÖPNV** Bus 833, Haltestelle Heinsbergstraße | **Öffnungszeiten** Mo–Fr 12–15 und 18–24 Uhr, Sa 18–24 Uhr, Küche bis 22.30 Uhr, So geschlossen | **Internet** www.saitta.de

PREISKATEGORIE ■□□□

67 Papa Yong
Cool Ko Ryo

Die koreanische Küche befindet sich seit einiger Zeit weltweit im Aufwind. Überall isst man koreanisch. Vor allem *korean street food* liefert die Rezepte, aus denen die kulinarischen Alltagsträume sind. Bei Papa Yong heißt es »soul food«, was ein bisschen spezieller und ganzheitlicher klingt. Das Grundmuster dieser Küche bleibt dennoch unverändert: Aus wenigen und einfachen Zutaten können schnell geschmacksintensive Gerichte hergestellt werden. Knoblauch und Chili spielen dabei eine besondere Rolle. Schon im Gründungsmythos Koreas wird Knoblauch als göttliche Gabe erwähnt, und der erste König, der Sohn des Himmels, beherrscht nicht nur die Elemente, er beherrscht auch die Kochkunst.

Während der Ko-ryo-Dynastie – aus der sich der Name Korea, »Land der hohen Schönheit«, ableitet – war der Genuss von Fleisch mehr oder weniger verboten. Die Koreaner haben also eine weit zurückreichende fleischlose Tradition, was heute allen aktuellen vegetarischen und auch speziell veganen Neigungen in die Speisenkarte spielt. Erst die Mongolen brachten das Fleisch im 13. Jahrhundert zurück. Das koreanische Bulgogi (eine Art Barbecue), das im Papa Yong gern von vielen Freunden gemeinsam und häufig tischweise bestellt wird, hat seinen Ursprung an den Lagerfeuern der mongolischen Reiter. Das dünn geschnittene Fleisch wird vor dem Garen in einer Mischung aus Soja, Knoblauch, Sesamöl und Essig mariniert.

Besonders gut sind im Papa Yong die Mandu genannten scharf angebratenen Teigtaschen, klassische Bestandteile der koreanischen Küche, ebenso fest in der Tradition verankert wie Kimbab, die Seetang-Reishäppchen, die bei keinem koreanischen Mahl fehlen dürfen. Aber auch kein koreanisches Essen ohne Kimchi! Kimchi gibt es nur in der koreanischen Küche, und Kimchi polarisiert: Die einen mögen den eingelegten, mit Chili und Knoblauch gewürzten Kohl überhaupt nicht, die anderen sind ihm verfallen!

Adresse Neusser Straße 84, Unterbilk, Tel. 0211/98077585 | **ÖPNV** Straßenbahn 704, 708, 709, 719, Bus 726, Haltestelle Bilker Kirche | **Öffnungszeiten** Mo–Fr 11.30–15 und 17.30–23 Uhr, Sa, So und feiertags 15.30–23 Uhr | **Internet** www.papa-yong.de

PREISKATEGORIE ■■□□

68_Parlin
Unter einer Decke

Für gewöhnlich ist das Parlin bis auf den letzten Tisch besetzt. Das kleine Restaurant gehört zu jenen seltenen Läden, die man eventuell, kaum dass man selbst Platz genommen hat, sofort zu seinem Lieblingsrestaurant erklärt. Die Atmosphäre ist gut. Die Leute genießen laut den Abend.

Das schlichte und geschmackvolle Interieur gefällt: die großen Spiegel, die schöne Bar und die wunderbare, einzigartige barocke Stuckdecke. Diese Decke stammt noch aus der Zeit, als sich Kurfürst Johann Wilhelm von seinen Untergebenen durch die Altstadt zur Lambertuskirche tragen ließ. Sie steht unter Denkmalschutz, und irgendwann während eines langen Abends schaut jeder bewundernd zu ihr auf.

Dass dieses kleine Restaurant aber nun seit einigen Jahren dauerhaft zu den besten in der Düsseldorfer Altstadt zählt, ist vor allem ein Verdienst der Küche. In den großen Linien folgt sie zwar einem unaufgeregten Publikumsgeschmack. Es gibt also auch hier Wiener Schnitzel mit Kartoffel-Gurken-Salat oder Kalbsleber nach Berliner Art. Aber es sind die Details, die kleinen Varianten, die aus den Speisen letztendlich doch etwas Besonderes machen. Die Kalbsleber gibt es nicht nur in der bekannten Berliner Art mit Zwiebeln und bravem Kartoffelpüree, sondern auch raffiniert als Vorspeise mit marinierten Cassisfeigen: eine geschmacklich ungewöhnliche Kombination, wie auch jene, die Gänsestopfleberterrine mit Aprikosen und Gewürztraminergelee verbindet. Das Kürbis-Quitten-Chutney als Begleitung setzt den gegenwärtig in der Gastronomie fast inflationär angebotenen Schweinebauch auf eine kulinarische Spur, die direkt in die feinste Landküche führt.

Bemerkenswert ist das Weinangebot. Gut kalkuliert (auch für die Gäste) sind etwa die eleganten Weine vom Kartäuserhof (Tyrell), Grans-Fassian, Egon Müller, Fritz Haag und der seit einigen Jahrzehnten in den Südtiroler Himmel gelobten Elena Walch.

Adresse Altestadt 12–14, Altstadt, Tel. 0211/87744595 | **ÖPNV** U 70, U 74, U 75, U 76, U 77, U 78, U 79, Straßenbahn 701, 703, 706, 712, 713, 715, Bus 780, 782, 785, SB 50, Haltestelle Heinrich-Heine-Allee | **Öffnungszeiten** Di–Sa 18–24 Uhr, So 17–23 Uhr, Mo geschlossen | **Internet** www.parlin-weinbar.de

PREISKATEGORIE ■■■□

69__Patrick's Seafood No. 1
In direkter Linie

Natürlich weiß heute niemand mehr, wer der erste Mensch war, der auf die verwegene, vielleicht auch völlig irrsinnige Idee kam, eine noch lebendige Auster direkt aus der Schale zu essen. Einer der Vorfahren von Patrick Le Guern könnte es gewesen sein, ein Bretone, vielleicht ein Seefahrer oder Pirat, jedenfalls ein Mensch ohne Furcht. Le Guern selbst hält sich irgendwie für austernverrückt, er könnte immer Austern essen und hat es auch schon in allen Lebenslagen getan, in überschaubaren und unmäßigen Mengen, in allen Größen und Qualitäten. Deshalb bekommt man in seinem Restaurant auch die besten. Wer Austern und Muscheln zu seinen Favoriten zählt, kann hier wahre Schalenwunder genießen. Ganz hoch im Kurs, auch preislich, stehen die Bélon-Austern der Klassifizierung 000, die unter Maniacs als »grands crus« gehandelt werden, als »große Gewächse«, vergleichbar den großen französischen Weinen. Sie schmecken auch für Austernneulinge hervorragend, am besten mit etwas frischem Pfeffer oder einer leichten Himbeervinaigrette.

Patrick Le Guern hatte seine Lehre bei dem Drei-Sterne-Koch Louis Outhier gemacht, dem das Verdienst zugeschrieben wird, asiatische Gewürze in die Nouvelle Cuisine eingeführt und damit der aktuellen euro-asiatischen Gegenwart auf die Tische geholfen zu haben. Outhier war gemeinsam mit Paul Bocuse Schüler des berühmtesten und legendärsten Koch des 20. Jahrhunderts, Fernand Point. Mit Le Guern führt also eine seltene Linie von Point über Outhier nach Düsseldorf. Als erster Franzose hatte er 1974 das spätere Sterne-Lokal »Im Schiffchen« in Kaiserswerth übernommen (siehe Seite 84).

Wer es mit Austern und Schalentieren nicht so hat, sollte eine Rascasse probieren, den bei uns nur sehr selten angebotenen Drachenkopf, dessen wunderbar festes und aromatisches Fleisch das Rückgrat jeder anständigen Bouillabaisse, der besten französischen Fischsuppe, ist.

Adresse Kaistraße 17, Hafen, Tel. 0211/6179988 | **ÖPNV** Bus 725, 726, Haltestelle Erftstraße/Grand Bateau | **Öffnungszeiten** Mo–Fr 12–15 und ab 18 Uhr, Sa ab 17 Uhr, So geschlossen (außer an Messetagen) | **Internet** www.seafood1.de

PREISKATEGORIE ■□□□

70_Pegasos
Am Ende einen Ouzo

Das Pegasos ist eine großartige Erinnerung an die Zeit, als Griechenland noch nicht von skrupellosen Spekulanten, korrupten Politikern und gnadenlosen Steuerhinterziehern ausgeplündert wurde. Eine Postkarten-Erinnerung in Weiß und Blau – so wie das Meer und die Häuser auf Santorin. Würde jemand behaupten, dieses Restaurant gäbe es schon seit mindestens 100 Jahren, würde man das glauben, denn das Lokal gehört zur kollektiven griechischen Erinnerung in Düsseldorf. Als nach dem Ende der Militärdiktatur 1974 Griechenland wirklich hip war, gehörte es zum guten demokratischen Ton, mindestens einmal die Woche zum Griechen zu gehen.

Die griechische Küche war nie aufregend, spektakulär oder besonders phantasievoll. Sie war angenehm bäuerlich, manchmal zu fett und grilltechnisch gelegentlich schwarz gefleckt, aber sie war vor allem eines: zuverlässig. Eine Moussaka (der weltberühmte Kartoffelauflauf) enttäuschte nie, auch Souvlaki (die Grillspieße schlechthin) und Bifteki (Hackfleisch mit Feta-Käse) nicht, und wer anderntags nach Knoblauch roch (was damals ein Bekenntnis zu Freiheit und griechischem Frühling war), gab einen deutlichen Hinweis darauf, wo er den letzten Abend verbracht hatte. Man konnte sich hundertprozentig auf die Griechen verlassen, und am Ende eines Essens bekam man noch einen Ouzo ausgegeben. Der ein bisschen für den vielleicht hart befeuerten Spieß entschädigte und den Retsina, den harzigen Wein, mit dem man sich nie so richtig anfreunden konnte.

Im Pegasos ist diese wunderbare Zeit kulinarisch konserviert. Mit Zaziki, dem knoblauchintensiven Kräuterjoghurt, kann man sich wie damals den Duft der Freiheit verpassen. Und den Bauernsalat, den jeder irgendwann mal nostalgisch aß, gibt es noch immer, eine große Schüssel mit allem Drum und Dran, auch Dolmadakia, die mit Reis gefüllten Weinblätter. Pegasos: Das ist noch immer der Grieche. Wie damals.

Adresse Kirchfeldstraße 50/Ecke Elisabethstraße, Unterbilk, Tel. 0211/382910 | **ÖPNV** Straßenbahn 703, Haltestelle Kirchfeldstraße | **Öffnungszeiten** täglich 12–24 Uhr | **Internet** www.taverne-pegasos.com

PREISKATEGORIE ■□□□

71 Petit Rouge
Die wiedergefundene Zeit

Und plötzlich kam alles ganz anders. Katharina Engmann war ursprünglich Designerin, wird aber manchen noch als Köchin im Ohme Jupp (siehe Seite 136) in Erinnerung sein, deren charmante Lebenseinsichten gelegentlich klar und deutlich aus der Küche zu hören waren. In einem Alter, in dem man gesellschaftlich gern in Reisemobile oder auf Parkbänke abgeschoben wird, setzte sie ihren gastronomischen Traum, den sie in der Küche des Ohme einige Jahre lang geträumt hatte, dann plötzlich und für sie selbst überraschend in die Wirklichkeit um. Das Petit Rouge ist also eine Wunschvorstellung: sehr persönlich, etwas nostalgisch, romantisch und ein bisschen so, wie man die Welt und ihre Bistros gern hätte. Ein kleines, ehemaliges Ladenlokal, das nun meterhoch bis zur Decke mit Kunst behangen ist und in dem Chansons und Jazz die frankophilen Lebensgefühle bereits am Vormittag beschallen.

Gemeinsam mit ihren Töchtern Antonia und Maximiliane wird ein Stück ideales Frankreich inszeniert. Dazu gehören eine ganze Reihe marktgerechter Quiches, diverse Salate, darunter der international bekannte Niçoise, Croque Monsieur und Croque Madame (das Käse-Schinken-Sandwich mit und ohne Spiegelei, eine Kaffeehaus-Erfindung der Belle Époque, die zuerst in Marcel Prousts Romanwerk »Auf der Suche nach der verlorenen Zeit« erwähnt wird). Zum Frühstück gibt es Baguettes, Brioches, Croissants und den unverzichtbaren Café au Lait, in dem jeder Paris-Reisende irgendwann zu ertrinken droht.

Damit auch in den blauen Stunden Frankreich so nah wie möglich ist, werden neben Weinen von der Loire, aus der Gascogne und dem Rhonetal auch französisches Bier und Anisettes bzw. Pastis angeboten, die über einen ganzen Abend verlängerbaren Anis-Liköre, die bei uns als Pernod bekannt sind und die immer ein bisschen nach Akkordeon und Baskenmütze, nach großem Boulevard und Paris by night schmecken.

Adresse Bürgerstraße 4, Unterbilk, Tel. 0176/25910510 | **ÖPNV** Straßenbahn 704, 708, 709, 719, Bus 726, Haltestelle Bilker Kirche | **Öffnungszeiten** Di–Fr 10–22 Uhr, Sa und So 10–18 Uhr

PREISKATEGORIE ■■□□

72_Primitivo
Lust auf andere

Das Primitivo ist ein Restaurant, wie man es sich wünscht: gutes Interieur, eine sich über Stunden steigernde und immer weiter verdichtende Atmosphäre, sodass man gelegentlich und in den besten Momenten den Eindruck hat, als fliege das Restaurant durch den Abend. Das liegt natürlich im Wesentlichen an den Kellnern und ihrer Art, mit den Gästen umzugehen. Vom klassischen Kellnerbild sind sie auch äußerlich meilenweit entfernt. Sie sind unverwechselbare Typen, also Menschen mit Charakter und einem unübersehbaren Standing. Sie sind selbstbewusst, aber nicht aufdringlich, und wollen einem nichts auf den Tisch bringen, was man vielleicht nicht möchte. Dennoch sind ihre Empfehlungen natürlich immer einen Versuch wert. Kellner prägen ganz entscheidend die Wahrnehmung eines Restaurants, und in diesem Restaurant fühlt man sich zwar nicht unbedingt wie zu Hause (sonst hätte man dortbleiben können), aber doch so angenehm, dass man froh ist, ausgegangen zu sein.

Man bekommt, selbst wenn man hier appetitlos auftauchen sollte, Lust auf Essen und Wein und mit diesem gastronomischen, manchmal ansteckenden Spirit auch Lust auf andere (vielleicht die Tischnachbarn) und auch auf sich selbst (das steht hier für die Leute, die, wenn sie ausgehen, die Neigung haben, sich selbst zu verleugnen).

Auch die Küche macht mit. Das Essen ist gut und ordentlich, manchmal sogar hervorragend. In seinen Grundzügen zwischen Penne, Ibericoschwein, Dorade und Crème brulée durchaus aus vielen anderen Restaurants bekannt, haben alle Speisen hier einen sehr zuverlässigen Geschmack und sind so portioniert, dass auch Menschen mit Hunger satt werden.

Dabei sind die Preise moderat kalkuliert, etwa 10 Euro für die Vorspeisen, knapp unter 20 Euro für die Hauptgerichte. Ein Dutzend guter Weine wird offen und als Flasche angeboten (bis etwa 27 Euro); auch die Flaschenweine, in der Regel bis etwa 35 Euro, sind freundlich durchgerechnet.

Adresse Mauerstraße 7, Pempelfort, Tel. 0211/91185655 | ÖPNV Straßenbahn 701, 707, 715, Haltestelle Dreieck | Öffnungszeiten Mo–Fr 12–15 Uhr, Mo–Sa 17–24 Uhr, So geschlossen

PREISKATEGORIE ■■□□

73 Ratatouille
Uns bleibt immer noch Paris

Paris ist sehr nah. Zumindest lässt Sam Keshvari nichts unversucht, seinen Gästen das alte Paris der melancholischen Chansons und kleinen Vorstadt-Bistros näherzubringen. Wie in einem richtigen Pariser Bistro kleben die Zeitungsausschnitte, die von den Besonderheiten und medialen Aufmerksamkeiten berichten, die das Restaurant erregte, bereits im Eingang. Und kaum dass man den feuilletonistischen Eingang mit den Ruhmestaten passiert hat, steht man auch schon mitten im Wunschtraum der meisten Paris-Reisenden. Irgendwo unterhalb von Montmatre und Sacre-Cœur muss man gelandet sein: rot-weiße Tischdecken, Ansichten von Eiffelturm und Citroën 2CV, der alten Lebenskünstler-Ente, Retro-Plakate der Belle Époque, als die Französinnen die Beine noch bis zur Decke schmissen, kupferne Kasserollen aus der Küche der bonne-maman an den Wänden und über allem Eau-de-vie-Flaschen, ohne die in Frankreich – nach dem Essen – nichts mehr geht.

An diesem stimmungsvollen Ort, der wie geschaffen für romantisierende Paare ist, essen mittags auch gern durchgekämmte Geschäftsleute. Das liegt an der Veränderung dieses frischen Viertels und an dem guten und zudem preisgünstigen Business Lunch, drei Gänge für 16,80 Euro: zum Beispiel Ravioli mit Perlhuhnbrust-Füllung und kleinem Feldsalat, anschließend Hackfleisch – einer sämigen Bolognese vergleichbar – mit gelben Linsen und Kartoffelschnitzen, abschließend ein Erdbeersorbet auf Erdbeer-Rhabarber-Kompott. Und weil Geschäftsleute es immer mindestens so romantisch haben wollen wie bis über beide Ohren verknallte Paare, wird abends ein kleines After-Work-Dinner für die Tüchtigen angeboten.

Wer aber gefühlsecht ganz in die »Stadt der Liebe und des Lichts« eintauchen möchte, sollte das Steak »Café de Paris« probieren (auch in Paris isst man es nur mit schlichten Fritten!), vorneweg ein bisschen Kaviar mit Reibekuchen oder eine Foie gras mit einem Glas Montbazillac.

Adresse Wielandstraße 54, Pempelfort, Tel. 0211/17933677 | **ÖPNV** Straßenbahn 703, 704, 712, 713, Bus 721, 722, 737, Haltestelle Pempelforter Straße | **Öffnungszeiten** täglich 12–15 und 17.30–23 Uhr | **Internet** www.ratatouille-d.jimdo.com

PREISKATEGORIE ■□□□

74 Richie 'n Rose
Der mit dem Fleischwolf tanzt

Richie 'n Rose – das klingt ein bisschen nach Rock 'n' Roll. Und könnte gut der Titel eines Roadmovies sein. Ein irgendwie durchgeknalltes Paar, das auf dem Highway des Lebens unterwegs ist und genau die unvorhersehbaren Dinge erlebt, die andere sich nur anschauen dürfen …

Richard »Richie« Nikolaus war Koch in diversen Restaurants. Dass er mal einen Michelin-Stern hatte, ist ein schönes Gerücht (er hatte mal eine Gault-Millau-Mütze), das dem Ruf seines Burger-Ladens natürlich nicht schadet. Im Gegenteil. Auch Feinschmecker mit einer antrainierten Schnellimbiss-Abneigung lassen ihren Vornamen an der Kasse zurück und warten, bis sie aufgerufen werden. Die Toten Hosen schenkten Richie eine Platin-CD von »Unsterblich«, mit der Danksagung: »für all die ganzen Buletten und anderen Nährstoffe«.

Rosina »Rose« Fuchs, die aber nicht Rose genannt werden möchte, hatte mal was mit Kunst zu tun. Auch das macht alles nur noch interessanter. Irgendwann legten Richie und Rose die richtige Rock-Platte auf. Oder rasten gemeinsam in Richtung Burgertown.

Etwa 20 Burger-Varianten stehen aktuell auf ihrer Karte. Es gibt Specials (zum Beispiel Düsseldorfer mit Senfrostbraten-Patty und Men's Soul: Schwein trifft Rind), Classics (zum Beispiel Hamburger, Cheeseburger und Louis Pur 1895, eine Art saftiger Ur-Burger zwischen Toastbrotscheiben), edle Burger (Trüffel: Kalbfleisch mit Trüffelvinaigrette, Dry Aged und Ladies Burger: besonders mager) und außerdem noch Veggie, Chicken und Fishburger.

Die verwendeten Produkte sind wirklich großartig, von ungewöhnlicher Qualität (wenn man sie mit manchen anderen Burgerbuden vergleicht, hat man den Eindruck, sie seien direkt vom Himmel gefallen), und sie werden vom Meister und seinen jungen Mitköchen so schonend geschnitten und zärtlich durch den Wolf gedreht, damit ein so simples, massenkompatibles Fleischbrötchen ein echter Genuss sein kann.

Adresse Konkordiastraße 89, Unterbilk, Tel. 0211/17834113 | **ÖPNV** Straßenbahn 704, 708, 709, 719, Bus 726, Haltestelle Bilker Kirche | **Öffnungszeiten** täglich 12–23 Uhr | **Internet** www.richienrose.de

PREISKATEGORIE ■□□□

75_Rika
Ohne Schlange

Ursprünglich war es ein winzig kleiner Laden. Aber der große Erfolg der Ramen genannten Suppen führte dazu, dass auch noch ein Lokal nebenan dazugemietet wurde und der rahmenlose Durchbruch durch die Wand etwas fast Konzeptionelles hat. Es ist schwer zu sagen, ob die Düsseldorfer tatsächlich ramenverrückt oder Ramen das neue Sushi ist, also nur eine japanische Essmode gerade eine andere ablöst – vor den Suppen-Restaurants Naniwa (siehe Seite 130) und Takumi (siehe Seite 192) in der japanischen Innenstadt stehen die Leute jedenfalls Schlange, nicht nur bei Regen, auch im tiefsten Winter. Die Suppen schmecken, wenn man durchgefroren ist, natürlich am besten.

Tatsächlich gibt es Unternehmungslustige, die von der Innenstadt nach Grafenberg herausfahren. Das machen aber nicht nur die, die keine Lust haben, wie in Notzeiten Schlange zu stehen. Das machen auch die, die davon überzeugt sind, dass es im Rika (das manchmal auch Café Rika genannt wird) die besten Ramen gibt. Ramen heißen sowohl die Nudeln (in der Suppe) als auch die Suppen selbst. Miso-Ramen, Shoyu-Ramen, das sind die Stars der Suppenküche: Echte Düsseldorfer kennen natürlich längst die Unterschiede und wissen sie entsprechend zu schätzen. Miso ist eine Paste aus fermentierten Sojabohnen, die es in vielen Variationen gibt und die aufgelöst die Grundlage der Suppe bildet. Shoyu ist eine Variante der japanischen Sojasauce. Allerdings sind zumindest in Japan die Unterschiede so wesentlich und fein akzentuiert, dass es Städte gibt, die für ihre hervorragenden Shoyu-Ramen bekannt sind, mit Restaurants oder Stehimbissen, die innerhalb der Shoyu-Hierachie die Spitze einnehmen.

Im Rika kann man die Suppen (mit Chinakohl, Frühlingszwiebeln und fein aufgeschnittenem Schweinefleisch) solo oder als Bestandteil zweigängiger Menüs essen, die Shoyu oder Miso mit kleinen Vorspeisen kombinieren.

Adresse Gehrtsstraße 16, Grafenberg, Tel. 0211/69549144 | **ÖPNV** Straßenbahn 703, 709, 712, 713, 719, Bus 733, Haltestelle Schlüterstraße/Arbeitsagentur | **Öffnungszeiten** Mo–Fr 12–15 und 18.30–21.30 Uhr, So 18–21.30 Uhr, Sa geschlossen

PREISKATEGORIE ■■□□

76 _ Roberts Bistro

Scharf auf gutes Essen

ZERO-Künstler Günther Uecker hatte den Nagel wieder mal auf den Kopf getroffen: »In Roberts Bistro liebe ich dieses herrliche Chaos, wo sich die vielen geilen Fresser schon fast auf dem Schoß sitzen, weil sie alle scharf auf das gute Essen sind.« In mehr als 20 Jahren hat sich daran wenig geändert: Noch immer ist das Bistro knüppelvoll, man sitzt abends so eng, dass es manchmal wehtut, und es kann so laut sein, dass man seine Tischnachbarn charmant anbrüllen muss, um überhaupt verstanden zu werden. Und auch nach diesem in Jahren gerechneten gastronomischen Marathonlauf gibt es nicht wenige, die als wiederkehrende Dauereser beschwören, dass die Qualität der Küche immer gleich hoch ist: zuverlässig und nur der eigenen Koch-Ethik verpflichtet, die Robert Hülsmann schon vor einem Vierteljahrhundert in die Töpfe geschrieben habe – wenn man von gelegentlichen menschlichen Schwächen absieht, mit denen auch das Küchenpersonal leben muss und letztendlich die Gäste.

Die Karte wird nur in Details verändert, sagt Paul Meister, der Nachfolger von Hülsmann, und nur so gering, dass man tatsächlich noch nach Jahren wiederfindet, was man früher schon mal sehr ähnlich aß. Mit seinem Kompagnon Rolf Peters schmeißt Meister den Laden, in »Roberts Geist«, wie er gern betont: Hülsmann habe sich damals ein großartiges kulinarisches und vor allem menschliches Konzept überlegt und eine Arbeits- und Essatmosphäre in Düsseldorf geschaffen, wie es damals keine zweite gab.

Auf der fast ausschließlich französisch bestimmten Karte werden geschätzte 80 Positionen genannt, durchweg Bistro-Klassiker aus dem kulinarischen Bilderbuch. Die große Leistung der Robert-Köche besteht darin, gegen alle modische Erbsenzählerei eine Küche gesetzt zu haben, die mit großen Portionen und sehr geradlinig gekocht dazu auffordert, Essen nicht als Selbstbestrafung, sondern als Spaß zu begreifen.

Adresse Wupperstraße 2, Hafen, Tel. 0211/304821 | **ÖPNV** Bus 725, 726, Haltestelle Erftstraße/Grand Bateau | **Öffnungszeiten** Di–Fr 11.30–22.30 Uhr, Sa 10–22.30 Uhr, So und Mo geschlossen | **Internet** www.robertsbistro.de

PREISKATEGORIE ■■■□

77_Rossini
Trüffel für den Maestro

Von Casimir Moisson ist heute wenig bekannt. Mit 26 Jahren wurde er Küchenchef des Maison dorée, eines der besten und teuersten Restaurants in Paris. Einer seiner Stammgäste war der Italiener Gioachino Rossini, ein anerkannter Feinschmecker, Erfinder eines eigenen Trüffelsalats und Komponist der weltberühmten Oper »Der Barbier von Sevilla«. Moisson widmete dem Meister die »Tournedos Rossini«, die seitdem unter den vielen Tournedo-Varianten als die besten gelten und zweifellos die teuersten sind. Die Filetscheiben werden mit zwei ausgesprochenen Luxusprodukten belegt, mit Gänsestopfleber und mit Trüffeln.

Im Rossini gehören sie traditionell als Hauptgang zum Menü »Arrangement Rossini«, können aber auch separat bestellt werden (32 Euro). Man sollte sie probieren. Nicht nur weil die Köche für gewöhnlich ihren ganzen Ehrgeiz in das Gericht legen und das »Rinderfilet Rossini« immer seltener auf Speisenkarten zu finden ist. Auch das Ambiente ist entsprechend elegant, vielleicht nicht wie im alten Maison dorée vor 150 Jahren, aber den aktuellen Zeitumständen entsprechend.

Wer etwas schätzt, das auch immer seltener wird, obwohl es früher bei allen sogenannten Edel-Italienern ständig zu bewundern war, nämlich die italienische »nobilità« – hier findet er sie, zumindest gelegentlich. Natürlich ist es nicht sehr höflich, Fremden beim Essen zuzuschauen. Aber wenn sie Lorenzini-Hemden tragen und auf den Millimeter passgenaue Brioni-Anzüge mit Seidenkrawatten von Kiton und dazu einen Barolo oder Brunello di Montalcino mit einer Geste trinken, die Selbstverständlichkeit und Kennerschaft in einer einzigen Bewegung der Lippen ausdrückt – dann darf man das (zumindest diskret).

Die Küche an sich ist in großen Linien klassisch italienisch, macht aber ab und zu kleine Zugeständnisse an außeritalienische Essmoden, wenn Süßkartoffeln, Curryrisotto oder Bärlauchspielereien auf den Tellern auftauchen.

Adresse Kaiserstraße 5, Pempelfort, Tel. 0211/494994 | ÖPNV U 78, U 79, Straßenbahn 701, 715, Haltestelle Nordstraße | Öffnungszeiten Mo–Sa 18–24 Uhr, So und feiertags geschlossen (außer an Messetagen) | Internet www.restaurant-rossini.de

PREISKATEGORIE ■ □ □ □

78 Rote Laterne
Die Zauberer aus Lanzhou

Leider kann man den Köchen nicht dabei zusehen, wie sie die unfassbaren Lanzhou-Nudeln herstellen. Die dicken, dünnen, schmalen oder breiten Nudeln werden nicht geschnitten, sondern durch magisch anmutende, horizontale Rotationsbewegungen in die gewünschte Stärke gebracht. Das Ganze wirkt wie ein Zaubertrick: Aus einem tennisballgroßen Teigklumpen – allein das Erlernen des richtigen Knetens soll mindestens ein Jahr dauern – formen sich durch wiederholte Teilung ein paar Dutzend Nudeln von der Länge zweier ausgestreckter Arme. Zweifellos gibt es Techniken, die nur von Chinesen beherrscht werden. Und tatsächlich soll es bis heute keinen Europäer geben, der handgemachte Lanzhou-Nudeln fertigen kann. Ihren Namen haben sie von der mittelchinesischen Stadt Lanzhou, in der die Nudeln schon zum Frühstück gegessen werden. Nach ihr sind in der Roten Laterne auch eine scharfe Suppe mit Garnelen und Gemüse benannt und ein Salat mit einer süß und leicht salzig anmutenden Sauce.

Eine weitere Besonderheit in der Laterne sind die Jiao Zi. Die ebenfalls handgemachten Teigtaschen (eine Technik, die allerdings einfach zu erlernen ist, nach zwei oder drei Monaten soll man den Dreh raushaben) gibt es mit verschiedenen, fein abgestimmten Füllungen, entweder rein vegetarisch oder mit klein gehacktem Schweinefleisch.

Die Rote Laterne hat im Lauf der Zeit (2001 eröffnet, 2009 Besitzerwechsel) ihre eigenen und immer wieder gern bestellten Klassiker kreiert. Seit mindestens zehn Jahren stehen »Erinnerung an die Seidenstraße« (Glasnudeln mit Hühnerfleisch), »Verbotene Stadt« (scharf gewürztes Hühnerfleisch mit Gemüse) und »Heiße Platte mit Rindfleisch und Sesam« auf der Karte.

Da die chinesischen Köche aus arbeitsrechtlichen Gründen alle vier Jahre wechseln müssen, kann es zu gelegentlichen Schwankungen oder Interpretationsabweichungen in den Gerichten kommen.

Adresse Kurfürstenstraße 29, Stadtmitte, Tel. 0211/8302283 | **ÖPNV** Straßenbahn 704, 708, 709, 719, Bus 721, 722, 725, 738, 834, Haltestelle Worringer Platz | **Öffnungszeiten** Mo–Do 17.30–1 Uhr, Fr und Sa 17.30–1.30 Uhr, So und feiertags 17.30–24 Uhr | **Internet** www.rotelaterne-duesseldorf.de

PREISKATEGORIE ■■■□

79 __ Saittavini
Luxus auf Italienisch

Man wird noch einige Zeit auf die neue italienische Küche warten müssen, falls man sie überhaupt wünscht. Vielleicht kommt sie nie. Im Gegensatz zu Franzosen, Engländern, Deutschen und neuerdings auch zu Skandinaviern haben italienische Köche bisher wenig unternommen, ihre Küche einer Art Revision oder Erneuerung zu unterziehen. Sie verlassen sich nicht so sehr auf ihre Kreativität als vielmehr auf ihr meist untrügliches Gespür für das, was geht und bei Essern erfahrungsgemäß gut ankommt. Experimente sind nicht besonders gefragt. In den besten italienischen Restaurants geht es eher darum, eine gute Figur zu machen, auch bei Tisch.

Und das ist im Saittavini nicht anders. Man bewegt sich also in den bekannten Schrittfolgen und zappelt nicht aufgeregt in der Küche herum. Deshalb beginnen hier die meisten Essen nach wie vor mit einem gemischten »Vorspeisenteller aus der Vitrine«, »Antipasti de luxe« oder einem Carpaccio vom Rinderfilet.

Ein kleines Zugeständnis an den asiatischen Wind, der seit einigen Jahrzehnten durch alle Küchen weht, ist der marinierte Thunfisch mit Sesam, Ingwer und Wasabi. Aber der Kellner lobt die besondere Qualität des Büffelmozzarellas und weist auf Pasta aus Gragnano hin, einem der letzten Orte in Kampanien, in dem Nudeln noch fast so hergestellt werden wie vor 100 Jahren. Auch wenn die alten Mühlen in Gragnano längst stillstehen, ist ordentlich hergestellte Pasta, luftgetrocknet und über Bronze gezogen, immer ein Genuss, den allseits bekannte Massennudeln natürlich nicht liefern können. Es ist selbstverständlich, dass die Kalbsleber wie im Lehrbuch nur vorsichtig mit Butter und Salbei zubereitet wird und das Bistecca piemontese zart und saftig nach den Kräutern schmeckt, mit denen es gegart wurde.

In diesem eleganten und opulenten Restaurant wird eine der schönsten Weinkarten offeriert, sie umfasst mehrere hundert Positionen.

Adresse Luegallee 79, Oberkassel, Tel. 0211/57797918 | **ÖPNV** U 74, U 75, U 76, U 77, Bus 805, 833, Haltestelle Barbarossaplatz | **Öffnungszeiten** Mo–Sa 10–24 Uhr, Küche bis 22.30 Uhr, So 13–23 Uhr, Küche bis 21.30 Uhr | **Internet** www.saittavini.de

PREISKATEGORIE ■□□□

80_ Sassafras
Unter den Linden

Nur noch kleine Farbreste an der Decke erinnern an das alte Sassafras. Es ist rundum erneuert, kernsaniert und sieht nun aus wie frisch aus dem Ei gepellt: eine schöne moderne Wirtschaft mit puristisch gestylter Bar und langer Theke. Ein Ort, um sich festzutrinken. Die Bar ist weit über Kneipenniveau gut bestückt mit viel Gin, Whisky, Rum und schönen Obstbränden (etwa von der Elsässer Destillerie Martinez). Auch das Weinangebot zeigt für eine Kneipe ungewöhnliche Ambitionen: ausgezeichnete Weiße, hauptsächlich aus Deutschland, und sehr schöne Rote, meist aus Spanien und Italien, die glasweise und/oder als Flasche zu haben sind.

Das alte Sassafras existierte seit 1971. Es war in seiner wilden Zeit der literarische Salon Düsseldorfs, in dem Oberkassels Studentenelite die Nachwehen von 1968 wegdiskutierte und eine Menge junger Schriftsteller und Dichterinnen ihre Befindlichkeiten einem intensiv mitfühlenden Publikum vortrugen. Ein grob gepixelter und wandfüllender Druck erinnert an ein anderes Großereignis, das auch in Oberkassel die Gemüter bewegt hatte – die Proklamation des Deutschen Kaiserreichs 1871 in Versailles, 100 Jahre zuvor. In seinen Anfängen soll das Sassafras, berlinerisch und kaiserlich orientiert, noch »Unter den Linden« geheißen haben.

Die moderne Kneipenküche des Sassafras verwendet gern und bevorzugt asiatische Zutaten. Mit Zitronengras, Sojasauce, Misopaste und Wasabi wird recht locker umgegangen (Kartoffel-Wasabi-Püree zu Oktopus und Hühnchen, Misobutter zum Entrecote, Sojasaucenreduktion zum Rindercarpaccio, Zitronengras im Süppchen mit Lachs-Wan-Tan).

Wer es geschmacksintensiv, aber eher mediterran liebt (die andere hier bevorzugte Küchenrichtung), sollte den Couscoussalat mit Tomatendressing oder die schwarzen Linguine probieren, auf denen unter Umständen eine Handvoll knackig frische Knoblauchzehen für einen unerwarteten Aufwind sorgen.

Adresse Düsseldorfer Straße 90, Oberkassel, Tel. 0221/551075 | **ÖPNV** U 70, U 74, U 75, U 76, U 77, Bus 828, 833, 834, 835, 836 Haltestelle Belsenplatz | **Öffnungszeiten** Mo–Do 17–1 Uhr, Fr, Sa und vor Feiertagen 17–3 Uhr, So und feiertags 16–24 Uhr, Küche bis 22.45 Uhr, Mo bleibt die Küche geschlossen | **Internet** www.sassafras-duesseldorf.de

PREISKATEGORIE ■□□□

81 sattgrün
Grüner wird's nicht mehr

Im sattgrün kann man sehr schön beobachten, wie geschickt manche Leute sind, wenn es darum geht, sich den Teller besonders vollzupacken. Das hängt grundsätzlich mit dem hier praktizierten Büfett-Selbstbedienungssystem zusammen: Man zahlt nach Tellergröße, klein oder groß, und der Ehrgeiz für manche besteht darin, aus einem kleinen Teller einen inhaltlich großen und aus einem großen einen noch viel größeren zu machen. Dabei kommt es manchmal zu spektakulären Eigenkreationen, die zeigen, dass es eigentlich ganz gleichgültig ist, was man isst – Hauptsache, es ist viel: Prinzessbohnen in Kokosmilch-Sauce mit gebratenen Kartoffeln und frittiertem Tofu neben Langkornreis, Mais und ungarischem Paprikagulasch, dazu Soja-Geschnetzeltes mit indonesischen Nudeln. Vegetarier sind also längst nicht mehr die Leute, die nur an Körnern einen Narren gefressen haben.

Die rasanten Mischungen liegen aber nicht nur an einer kuriosen All-you-can-eat-Mentalität, die Menschen mit gefühlten Mangelerscheinungen haben. Sie liegen eben auch daran, dass man von möglichst vielem probieren und sich möglichst wenig entgehen lassen möchte. Nimmt man die Angebote für sich und so, wie die Köche sich das gedacht haben, kann man auch als eingefleischter Esser schnell Gefallen an diesem tierfreundlichsten aller Essen finden. Die geschmacklichen Feinabstimmungen und Kompositionen sind dann bemerkenswert.

Ambitionierte vegetarische Küche definiert sich nämlich weniger über die Suche nach einem geeigneten Fleischersatz. Obwohl auch hier frittierter Tofu und gebratene Soja-Medaillons angeboten werden. Sie definiert sich in erster Linie über geschmacksintensive, möglichst bio-zertifizierte Produkte, über handverlesene Gewürze und frische Kräuter. So ist es auch im sattgrün. Gerichte aus Ländern mit langer vegetarischer Tradition, zum Beispiel Indien und Italien, sind dabei zweifelsfrei die besten.

Adresse Hoffeldstraße 18, Flingern, Tel. 0211/68874080 | **ÖPNV** Straßenbahn 706, Bus 834, Haltestelle Lindenstraße | **Öffnungszeiten** Mo–Sa 12–23 Uhr, So und feiertags geschlossen | **Internet** www.sattgruen.de

PREISKATEGORIE ■□□□

82 Scaramanga's
Essen nach Bildern

Wer zu spät kommt, den bestraft das Leben! Die alte Wiedervereinigungsweisheit von Michail Gorbatschow (1989 dem verstaubten und verblüfften Politbüro der ehemaligen DDR um die Ohren gehauen) gilt auch für das Scaramanga's. Nach 19 Uhr ist der Laden dicht. Tische gibt es dann nur noch für die, die reserviert haben. Die meisten haben reserviert. Und sie wissen auch schon, wie die Bestellung hier funktioniert: Man schaut sich, was man gern essen würde, auf gut fotografierten und entsprechend appetitanregenden Karten an: Hühnchen in Zitronengrasmarinade, scharfer Papayasalat mit frischen Kräutern, Lachspäckchen in Reispapier oder lieber Wasserspinat mit Knoblauch und Sesam?

Dann trägt man die Kartennummern in ein kleines Formular ein. Das dauert manchmal, da die Entscheidung unter den rund 30 Angeboten schwerfällt. Alles sieht gut aus. Nachdem man endlich die letzte Zahl geschrieben hat, wird das Formular in die offene Küche gebracht. Die Küchencrew ahnt die Wünsche bereits im Voraus und ist bestens vorbereitet. Nach wenigen Minuten deckt sich der Tisch mit kleinen Speisen, die außerhalb des Scaramanga's gern als vietnamesische Dim Sums oder vietnamesische Tapas umschrieben werden. Hier nennen sie sich Scaraminis und sind im Wesentlichen verkleinerte Haupt- oder ausgewiesene Vorspeisen, die mit 4,50 Euro ausgesprochen günstig sind. Hauptspeisen kann man dennoch ordern, muss man aber nicht. »Ja, ich möchte Reis dazu« ist ein Sonderwunsch, den man ankreuzen kann.

Das System ist lustfördernd. Das liegt nicht nur an den bunten Karten, sondern auch an der ordentlichen Qualität der Zutaten. Man schmeckt den bunten Speisen an, dass sie frisch zubereitet sind. Eventuell bestellt man mehr, als man möchte. Auch halbe Portionen werden häufig unterschätzt. Manche Gäste sind so angetan vom Scaramanga's, dass sie sich in mehreren Besuchen durch alle Bilder essen.

Adresse Oberbilker Allee 31, Friedrichstadt, Tel. 0211/98595931 | **ÖPNV** Straßenbahn 701, 707, 708, Haltestelle Morsestraße | **Öffnungszeiten** Mo–Fr 12–15 und 17–23 Uhr, Sa und So 12–23 Uhr | **Internet** www.scaramangas.de

PREISKATEGORIE ■■■■

83__Schorn
Die reine Lehre

Nach ein paar Wochen sind die meisten wieder weg. Sie halten es einfach nicht aus. Jean-Claude Bourgueil, der Großinquisitor der reinen Lehre (siehe Seite 60 und 84), macht keine Kompromisse. Die Glut seines Scheiterhaufens leuchtet täglich als Mahnung. Seine Tür ist dennoch immer offen. In beide Richtungen. Marcel Schiefer ging drei Jahre lang barfuß durch Bourgueils Küche. Wer das zwischen kulinarischer Erleuchtung und emotionaler Selbstverleugnung schafft, ist bereit für die großen Taten des Lebens. Sofort nach den Bourgueil-Jahren übernahm er das gutbürgerliche Schorn seiner Schwiegereltern, ein gutes, aber kreuzbraves Restaurant. Für seinen Küchen-Relaunch bekam Schiefer 2013 als jüngster Koch einen Michelin-Stern. 2015 wurde seine Weinkarte von Gault-Millau, dem anderen nationalen Restaurantführer, als beste in Deutschland ausgezeichnet.

Schiefer kommt aus einer Familie von Handwerkern. Das prägt. Für ihn ist Kreativität in der Küche immer das Resultat außergewöhnlicher handwerklicher Fähigkeiten. Dass man sie unterschiedlich umsetzen kann, zeigt Schiefer in zwei Menüs. Das eine nennt er selbst »traditionell«, das andere »modern«. Das ist insofern etwas irritierend, als beide Menüs natürlich modern sind.

Im traditionellen Menü fühlen sich viele Gäste, wie Schiefer sagt, eher zu Hause. Die einzelnen Gänge sind zumindest durch ihre Benennung bekannt: Meeresfrüchtesalat, pochierter Lachs mit Bärlauchgraupen, Himmel un Ähd als kleine Reminiszenz an die Düsseldorfer Küche und die ehemalige seiner Schwiegereltern, Schwarzfederhuhn mit Rübstiel, Pumpernickel und Käse aus der Fromagerie gegenüber der Bilker Kirche. In seinen »modernen« Menüs experimentiert Schiefer gern mit nicht ganz so bekannten Produkten: Zunge und Bäckchen vom Kabeljau mit Queller, einer salzbindenden Pflanze, Fichtensprossen zum Maibock oder Macadamianüsse zum Spargel. Menüs zwischen 78 Euro und 99 Euro.

Adresse Martinstraße 46a, Bilk, Tel. 0211/3981972 | **ÖPNV** Straßenbahn 704, 709, Bus 726, Haltestelle Völklinger Straße | **Öffnungszeiten** Di–Sa ab 18 Uhr, So und Mo geschlossen | **Internet** www.restaurant-schorn.de

PREISKATEGORIE ■■■□

84_ Segin's
Viel drin und noch mehr drauf

Der Blick ist weit. Durch die meterhohen Fenster des Segin's geht er über eines der alten Hafenbecken und den Rhein bis nach Oberkassel. Dahinter könnte schon das Meer liegen. An stürmischen Tagen, wenn die Wolken schnell und tief nach Norden ziehen, hat man solche Vorstellungen. Düsseldorf als Seestadt. Die Luft schmeckt nach frischem Fisch.

Vielleicht werden die Gedanken nicht so sehr durch den meertiefen Himmel, aber durch André Segins Sylter Hummersuppe beflügelt, »mit viel drin«, wie auf der Speisekarte steht. Tatsächlich ist die sehr aromatische, fast kräftige und schön gebundene Suppe eher ein edler Eintopf aus Jakobsmuscheln und Krustentieren, mit viel Hummerschaum obendrauf.

Wie die meisten jungen Köche gibt André Segin mehr, als er geben müsste. Die Konkurrenz im Hafen ist groß, und als Koch hat man erst gewonnenes Spiel, wenn die Leute wiederkommen. Auch bei Himmel un Ähd packt er deshalb etwas obendrauf und ergänzt die Blutwurst, die einer süßlich-sämigen Blutwurstpastete gleicht, durch Gänsestopfleber. Die Idee, dieses simple Alltagsessen mit einem ausgewiesenen Feinkostprodukt ins Licht der Gourmetküche hinaufzukochen, stammt ursprünglich von Drei-Sterne-Koch Jean-Claude Bourgueil (siehe Seite 60 und 84), der in seinem leider untergegangenen Aalschokker aus dem rheinischen Arme-Leute-Klassiker ein Lieblingsgericht der Wohlhabenden machte.

Segins Karte ist klein. Er kann sie allein bekochen. Drei Fleischgerichte, drei mit Fisch, sechs Vorspeisen und drei Desserts. Die Karte verliert sich also nicht im Unverbindlichen, sondern achtet auf intensive Aromen und ungewöhnliche Kombinationen. Darin liegt zweifellos Segins Stärke. Er bringt die Dinge geschmacklich auf den Punkt, wenn er beispielsweise gebratene Jakobsmuscheln mit gestampften Erbsen kombiniert oder Lammrücken mit einer cremig gerührten Polenta und rheinischen Schnibbelbohnen.

Adresse Kaistraße 18, Hafen, Tel. 0211/8308448 | **ÖPNV** Bus 725, 726, Haltestelle Erftstraße/Grand Bateau | **Öffnungszeiten** Mo–Fr 11.30–14.30 und 17.30–23.30 Uhr, Sa und So 17.30–24 Uhr | **Internet** www.restaurant-segins.de

PREISKATEGORIE ■■□□

85_ Sila Thai
Manche mögen's extrascharf

Es ist eine wunderbare Kulisse. So stellt man sich das opulent kulinarische Bangkok vor: ein Restaurant in einem Tempel und ein Tempel in einem Restaurant. Aus der Speisekarte erfährt man, dass jedes Detail im Sila Thai original ist und aus Thailand importiert wurde. Der Inhalt von 40 Containern wurde verbaut, um diese in Düsseldorf einmalige Illusion zu schaffen, nicht am Rhein, sondern irgendwo am Mekong zu sitzen. Auch die Touristen sind echt.

Die Thais definieren ihre kulturelle Identität über Sprache und Essen. Kaum ein Gericht kommt dabei ohne Chilis aus. Es ist also fast immer scharf, und die zurückhaltenden Kellnerinnen und Kellner weisen ihre Gäste freundlich darauf hin, dass manches scharf und anderes etwas schärfer ist. »Mögen Sie scharfes Essen?« – das ist die Frage.

Vorschnell sollte man nicht antworten. Stilisierte Chilischoten neben manchen Speisen zeigen ein nicht zu unterschätzendes Gefahrenpotenzial an. Bei »Gaeng Pha Gai«, mit vier Schoten schon in der Nähe der Schmerzgrenze oder bereits darüber hinaus (Schärfe ist Schmerz und wird individuell wahrgenommen!), ist auf jeden Fall Vorsicht geboten, auch drei Schoten (bei »Gaeng Phed« oder »Gaeng Kweu Waan Gai«) sind für einen normal strukturierten Esser ein nicht zu unterschätzendes Wagnis – auch wenn man schon mit Tabasco experimentiert hat.

Dabei sind alle Speisen so komponiert, dass sie für Europäer gut verträglich sind. Die Thais selbst essen in ihrem Land bekanntlich so scharf, das selbst Chinesen, die einige Scoville-Einheiten mehr als wir vertragen, die Spucke wegbleibt. In Scoville wird die Schärfe von Schoten, Saucen und Currys gemessen.

Die Küche im Sila Thai versucht, möglichst nah an den heimatlichen Ursprüngen zu kochen, wird aber gezwungenermaßen auf Distanz gehalten, da viele europäische Produkte die original thailändischen ersetzen müssen.

Adresse Bahnstraße 76, Stadtmitte, Tel. 0211/8604427 | **ÖPNV** Straßenbahn 704, 709, 719, Haltestelle Stresemannplatz | **Öffnungszeiten** Mo–Fr 12–14.30 und 18–1 Uhr, Sa und So 13–15 und 18–1 Uhr, Küche bis 23 Uhr | **Internet** www.silathai.com

PREISKATEGORIE ■■□□

86_ Soba-an

Heiß und manchmal fettig

Es ist eines der wenigen japanischen Spezialitäten-Restaurants in Düsseldorf. Hier dreht sich fast alles um Buchweizennudeln (Soba) und um Tempura. Buchweizen hat einen relativ kräftigen Eigengeschmack, und Japaner, die in ihrem Leben vermutlich mehr Nudeln als Italiener essen, schätzen unter den vielen Angeboten die aus Buchweizen besonders. In Japan findet man frische Buchweizennudeln praktisch in jedem Straßenimbiss und zu jeder Tages- und Nachtzeit.

Tempura nennt man die Zubereitungsart, bei der Speisen mit einem leichten Teig aus Mehl, Wasser und Ei umhüllt und bei hoher Temperatur in Öl frittiert werden. Diese fettlastige, für ihre Küche eher untypische Methode haben die Japaner im 17. Jahrhundert von portugiesischen Missionaren übernommen, und der Name Tempura soll ein Hinweis auf die katholische Fastenzeit sein.

Dass Japaner gern zu ausgewiesenen Spezialisten essen gehen (in Japan ist es üblich, dass sich Restaurants auf wenige Produkte konzentrieren, manchmal nur auf ein einziges), hängt mit der Vorstellung von absoluter Perfektion zusammen. Auch im Soba-an bemüht man sich um die makellose Zubereitung der Speisen. Soba isst man kalt (zum Beispiel mit geriebenem Rettich und gesalzenen Pflaumen) oder warm (zum Beispiel mit Seetangrollen und Gemüse) in sehr klaren und aromatischen Fischbrühen.

Beste Küche braucht natürlich beste Produkte: Von den Crangon-Crangon-Garnelen (die es nur als Wildfang gibt, also nur in ungewöhnlich guter Qualität) erfährt man, dass sie aus Paris, vom Feinschmecker-Großmarkt Rungis, direkt importiert wurden. Da aber auch die regionalen Bezüge für ein optimales Ergebnis wichtig sein können (kurze Lieferwege garantieren Frische!), wird darauf hingewiesen, dass der frittierte und nur mit einer kleinen Schale Salz servierte Kürbis »aus Dormagen« stammt. Was umgehend zu einer Neueinschätzung Dormagens führt!

Adresse Klosterstraße 68, Stadtmitte, Tel. 0211/36777575 | **ÖPNV** Straßenbahn 707, Haltestelle Klosterstraße | **Öffnungszeiten** Mo–Sa 12–14 und 18–22 Uhr, So geschlossen | **Internet** www.soba-an.de

PREISKATEGORIE ■■□□

87 _ Stappen
Keine Experimente!

Bürgertum ist aller Bürger Anfang! Das wusste schon der schwarzhumorige Merz-Künstler Kurt Schwitters. Oberkassel ist das bürgerlichste Viertel in Düsseldorf, mit einem nicht zu übersehenden Hang zu großbürgerlichen Gesten. Seine Fassaden stehen auf den nach Kaisern benannten Ringen (Kaiser Friedrich und Kaiser Wilhelm) so beeindruckend gegen die andere, die Düsseldorfer Seite gerichtet, dass einen der blanke Neid schütteln kann.

Gastronomisch ist Oberkassel breit aufgestellt: Es gibt ein ganzes Pizzablech voll mit sogenannten Edel-Italienern; eine französische Brasserie für alle hausmannskostverliebten Oberkasseler Gernesser, viele In-und-schon-wieder-out-Läden, literarische Kneipen und nostalgische Schüler-Jahrgangs-Cafés. Erstaunlicherweise gab es lange kein wirklich gutbürgerliches Restaurant. Es fehlte in diesem Kokon saturierten Wohlbefindens eines, das nicht nur die für gewöhnlich verkleisterte »gutbürgerliche« Convenience-Küche auf der Coca-Cola-Kreidetafel führt, sondern tatsächlich eines, das gute Produkte gut und mit einem ausgeprägten kulturellen Selbstbewusstsein verarbeitet.

Stappen hat nun für Oberkassel die Tür zum bürgerlichen Esszimmer geöffnet: Man sitzt gediegen, ruhig, familiengerecht und mit ungewöhnlich viel Platz in einem schön gestalteten Restaurant. Im Landgasthaus Stappen in Liedberg war für diese freundliche Übernahme der Oberkasseler Bürgerszene schon lange geprobt worden. Stappen in Liedberg gibt es bereits seit Mitte des 19. Jahrhunderts, und das Landgasthaus zählt seit einigen Jahren zu den verlässlichsten kulinarischen Adressen am Niederrhein.

Aus Liedberg und Umgebung kommen auch die auf der Luegallee verarbeiteten Schnitzel, Rumpsteaks und Rouladen, Gemüse und Kartoffeln. Stappen hält Kontakt zu bewährten und bekannten niederrheinischen Bauern, deren Produkte im Dialog mit ambitionierten Restaurants immer besser werden.

Adresse Luegallee 50, Oberkassel, Tel. 0211/93077600 | **ÖPNV** U 74, U 75, U 76, U 77, Bus 805, 833, Haltestelle Barbarossaplatz | **Öffnungszeiten** Mo–Fr sowie So 12–15 und 18–24 Uhr, Sa 18–24 Uhr | **Internet** www.stappen-oberkassel.de

PREISKATEGORIE ■□□□

88_ Stier Royal
Ganz schön eingefleischt

Phonetisch liegt Stier Royal nah an Kir Royal, dem französischen Cassis, der mit Champagner aufgegossen zum Royal wird. Also immer etwas Besonderes ist. Das nimmt auch der Stier für sich in Anspruch, und man weist gern darauf hin, dass man sehr wahrscheinlich das beste Hamburger-Restaurant in Düsseldorf ist. Zumindest sähen das viele Gäste so. Man selbst natürlich auch. Im Netz gibt es eine Menge Likes und entsprechend viele Follower. Auch in Umfragen hat man die Hörner immer vorn.

Das Rindfleisch, das hier ausnahmslos über der offenen Flamme von jungen Köchen gegrillt wird, ist gut. Auch die frisch getoasteten Buns (die Hamburgerbrötchen) sind es, die es leicht und elegant als Brioche oder schwer und birkenstockmäßig als Vollkorn-Variante gibt.

Natürlich muss man sich im Stier Royal keine Nummer ziehen und warten wie auf dem Einwohnermeldeamt, um an seinen Hamburger zu kommen. Man wird bedient. Schließlich isst man in einem Restaurant. Wer möchte, kann Champagner zu den Burgern trinken oder ausgesuchte Flaschenweine. Bier gibt es natürlich auch.

Wer gerade keine Lust auf den ausgewählten Burger der Woche haben sollte, auf »Sloppy Joe« (mit Hackfleischsauce), »Juicy Lucy« (mit Käse gefüllt) oder »Surf & Turf« (mit Gambas und AOP-Kombi), kann auch unter den andernorts sehr vernachlässigten Hotdogs (ebenfalls nur aus Rindfleisch) und diversen Spießen (Gemüse, Hühnchen und Thunfisch) wählen. Die lange ignorierten Spieße gehörten früher als Schaschlik-Varianten in jede gute Imbissstube.

Und dann gibt es noch, egal, was man isst, diesen phantastischen cineastischen Ausblick, der den Stier tatsächlich einzigartig macht, wie am Anfang eines Film noir, sehr urban, einsam und vielleicht auch dramatisch: Gegenüber auf der Hauswand leuchtet ein überdimensioniertes Taxi-Schild in die Nacht, und ein hell erleuchteter Zug verschwindet mit schweigenden Insassen langsam hinter einem stockdunklen Haus.

Adresse Zimmerstraße 28, Friedrichstadt, Tel. 0211/93079854 | ÖPNV Straßenbahn 701, Haltestelle Färberstraße | Öffnungszeiten Mo–Fr 12–15 und 17.30–23 Uhr, Sa 15–23 Uhr, So 15–22 Uhr

PREISKATEGORIE ■■□□

89_Sumi

Jamsession und alte Meister

Sitzen und Sake trinken: So ungefähr kann man »izakaya« übersetzen. Izakayas sind japanische Kneipen, in denen mehr getrunken als gegessen, aber nie getrunken wird, ohne zu essen.

Das Sumi versteht sich als neues Izakaya, aber eben als europäische Variante, in der mehr gegessen als getrunken werden soll. Für die Original-Izakayas ist es bezeichnend, dass sie nicht wie andere Restaurants auf bestimmte Gerichte spezialisiert sind, sondern praktisch querbeet durch die japanische Küche kochen. Es gibt von allem etwas: rohes Sashimi, kalte und warme Nudelsuppen, traditionelles und modernes Sushi, frischen Fisch, zartes Wagyū-Fleisch vom Grill, fette Tempura und süße Sachen (die man in Japan zum Tee isst).

Die regellosen Izakayas kommen aktuellen kulinarischen Bedürfnissen sehr entgegen. Im Sumi ist es nicht anders: gute Atmosphäre, schnelles Essen, knapp bemessene Plätze. Es geht locker zu und ohne philosophischen oder naturreligiösen Bezug wie in den gehobenen japanischen Restaurants, die nach totaler Harmonie und Perfektion streben. Wirkliche Klasse hat aber auch im Sumi alles, was vom Grill kommt. Eine gesalzene Makrele beispielsweise, die schnörkellos auf dem Teller liegt, oder das bestechende Entrecote vom Wagyū-Rind (mit knapp 40 Euro allerdings eher etwas für hohe Feiertage).

Da man hier sehr schön essen kann, ohne über irgendwelche Vorkenntnisse japanischer Essrituale zu verfügen, ist das Sumi besonders bei jungen Leuten beliebt. Die neuesten Sushi-Kreationen könnten direkt aus der kalifornischen New Wave Cuisine importiert sein. Sie heißen Alaska-, Dragon-, Ocean-Bay- oder Volcano-Roll. Die Kombinationen (zum Beispiel Jakobsmuschel mit Schneekrabbe, Frischkäse und Kaviar-Mayonnaise) sind so jamsession- und streetfoodbeseelt, dass sie alte Küchenmeister zum Kurzschwert greifen lassen könnten, das üblicherweise zum Harakiri benutzt wird.

Adresse Schinkelstraße 28, Pempelfort, Tel. 0152/05727777 | **ÖPNV** Straßenbahn 704, Bus 721, 722, Haltestelle Adlerstraße | **Öffnungszeiten** Di–Do und So 18–23 Uhr, Fr und Sa 18–24 Uhr | **Internet** http://sumi.chimzgmbh.com

PREISKATEGORIE ■□□□

90 __ Suzie Q.
Good morning, Vietnam!

Wer ist Suzie Q.? Suzie Q. ist der Spitzname von Susan Delfino in »Desperate Housewives«. Ihr Filmvater fiel in der Schlacht um Hanoi. Suzie Q. heißt auch der Smash-Hit von Dale Hawkins aus dem Jahr 1957, der während des Vietnamkrieges in der späteren Version von Creedence Clearwater Revival populär wurde. In Francis Ford Coppolas Vietnam-Drama »Apocalypse Now« gehört deshalb eine Coverversion von Suzie Q. zum Soundtrack.

Vietnam in Flingern. Damit wirbt Suzie Q. Ob in Vietnam tatsächlich so gekocht und gegessen wird wie in der Flurstraße, ist natürlich eine Frage, die nur Vietnamesen und Vietnamreisende beantworten können. Man liegt vermutlich ganz richtig, wenn man das Essen eher euro-deutsch-asiatisch begreift: mit vietnamesischen Gewürzen, einigen exotischen Zutaten, aber eben doch im Wesentlichen europäisch getaktet.

Die Speisen haben schöne Namen: zum Beispiel »Bo la lot« oder »Vit xao thom ngo ri«. Bei der »Bo la lot« genannten Vorspeise zieht man das gewürzte und mit gemahlenen Erdnüssen bestreute Rindfleisch von den Bratspießen, wickelt es mit Reisnudeln und Minze in Betelblätter und tunkt die appetitlichen Wickel in eine süße Vinaigrette aus Reisessig. »Vit xao thom ngo ri« ist eine in Scheiben geschnittene, kross gebratene Entenbrust mit Ananas und Chili, Koriander und verschiedenen kleinen Gemüsen in einer Kokossauce. Es macht Spaß, diese Dinge zu essen. Sie sind gut und präzise gekocht, und die kulinarische Reise an den Mekong wird allenfalls dadurch getrübt, dass sie auch durch holländische Gewächshäuser führt.

Das kleine Restaurant ist mit sehr einfachen Mitteln auffällig designt: mit vielen dicht gehängten roten Lampions und konzeptionell anmutenden Zeichnungen an der Wand, die teils gerahmt, teils außerhalb der Rahmen auf der Wand weitergezeichnet sind. So ungefähr ist auch die Küche – auffällig und manchmal außerhalb des Rahmens.

Adresse Flurstraße 19, Flingern, Tel. 0211/96666803 | **ÖPNV** Straßenbahn 709, 719, Haltestelle Hoffeldstraße | **Öffnungszeiten** täglich von 12–23 Uhr | **Internet** www.suzieq.de

PREISKATEGORIE ■ ■ ■ ■

91__ Tafelspitz 1876
Rasanter Sololauf

Normalerweise müssen Köche, bevor sie mit Sternen, Mützen, goldenen Löffeln, Schüsseln oder Bratpfannen geehrt werden, weite Wege gehen. Sie ziehen von einem ausgezeichneten Restaurant zum anderen, sind oft jahrelang unterwegs, und ihre einzelnen Stationen bei bedeutenden und früher oft despotischen Köchen lesen sich in ihren Lebensläufen wie Schlachten, die erfolgreich geschlagen wurden. Es ist deshalb eine absolute Seltenheit, wenn ein ambitionierter Koch nicht die Ochsentour macht und an einem Ort bleibt. Und noch sehr viel seltener ist es, dass ein ausgezeichneter Koch wie Daniel Dal-Ben in einem ganz gewöhnlichen Brauhaus gelernt hat und sich alle Feinheiten und Kenntnisse durch Selbstanalyse erschloss und durch etwas, das man Imagination nennen darf.

Man geht nicht zu Dal-Ben, um ein Tellergericht zu essen. Aus seinen À-la-carte-Angeboten kann man sich nach Wunsch, Lust, Hunger und Neugierde mehrgängige Menüs zusammenstellen. Er nennt sie zu Recht Tafelspitzen, und falls man die Möglichkeiten hat, sollte man sich auch hier, wie in allen besonderen Restaurants, für das Maximum entscheiden. Nach acht Gängen weiß man, wie Dal-Ben die schöne Kochwelt begreift; nach vier Gängen, die durchaus ausreichend sind, wird man wiederkommen wollen (Preise nach Gängen gestaffelt zwischen 72 Euro und 132 Euro).

Dal-Bens Küche ist einfallsreich und selbstbewusst. Seine Kreationen nehmen sehr aktuelle Tendenzen auf, wie bei einem Fjordlachs, der mit Miso, Rettich und Sesam »japanisiert« wird, oder wenn er Pappardelle mit Datteln, Artischocken und Salzzitronen nordafrikanisch beglückt, einer der aktuellen Lieblingszutaten des französischen Großmeisters Alain Ducasse.

Dass Dal-Ben es aber auch rein klassisch mag, zumindest in manchen Details, zeigt seine »Sauce Riche« (zum Filet vom Salzwiesenlamm), die bereits im 19. Jahrhundert im Pariser Café Riche kreiert wurde.

Adresse Grunerstraße 42a, Düsseltal, Tel. 0211/1717361 | **ÖPNV** Straßenbahn 708, Haltestelle Grunerstraße | **Öffnungszeiten** Di–Sa ab 18.30 Uhr, So und Mo geschlossen | **Internet** www.tafelspitz1876.de

Tafelspitzen

-Amuse Bouche-

Gänseleber
Quittenkompott / Banyuls Grand Cru Gelee / Haferschwamm
******

Meeresfrüchte
Krustentiercreme / Apfel / Rettich / Röstzwiebel
******

Rote Beete Essence
Alba Trüffel / Raucheraal / Wachtelei
******

Geangelter Wolfsbarsch (4 Kg)
Schnibbelbohnenkruste / Feigen / Lardo / Kürbisöl / Bramata
******

Sorbet
Geister Kefir / Koriander / Tigernussöl
******

Kagoshima A4 Wagyu
Schwarze Nüsse / Fermentierter Knoblauch / Kerbelcreme
******

Operaschnitte 2014
Gianduja / Kaffee / Kokos
******

Käse
- Auswahl von Maître Affineur Waltmann-
******

-Petit Fours-

5 Tafelspitzen (ohne Gänseleber/Essence/Käse) 89,-€
6 Tafelspitzen (ohne Gänseleber/ Käse) 95,-€
7 Tafelspitzen (ohne Käse) 109,-€
8 Tafelspitzen 119,-€

Gänsezeit

-Amuse Bouche-

Düsseldorfer Hummersuppe
mit Hummerbrot
******

Creme-Sorbet von der Pampelmuse
und Crémant de Loire Rosé
******

Rosa Brust von der Weserganz
mit Rotkohl Maronen
Mohnklößchen und Bratapfel
******

Creme brûlée von Sternanis und Vanille
und Trüffeleis
******

Petit Fours

79,-€

Gerne servi[eren wir]
korrespondierende [Weine]

PREISKATEGORIE ■□□□

92 __ Takumi
Tiefe Suppen

Ob man sich für das Takumi oder die unmittelbare japanische Suppenkonkurrenz, das nur etwa 100 Meter entfernte Naniwa (siehe Seite 130), entscheidet, hängt auch davon ab, in welcher Schlange man lieber steht. Vor-dem-Naniwa-Stehen gehört schon seit einigen Jahren zum kulinarischen Kult und ist eine der Grundvoraussetzungen, um japanische Esskultur zu begreifen. Das Besondere erkennt man auch in Japan an endlos scheinenden Schlangen, die sich um den Häuserblock winden und manchmal erst nach Küchenschluss auflösen. Wer irgendwie mitreden möchte, muss in so einer Schlange gestanden haben. Vor dem Naniwa gibt es mittlerweile Sitzbänke und Heizstrahler, und man kann den Essenden durch das Schaufenster zusehen, wie sie vor den großen Suppentöpfen ins Schwitzen kommen. Das ist manchmal eine harte Prüfung, vor allem dann, wenn die Platzhalter unnötige Ess-Pausen einlegen und die draußen Wartenden anlächeln.

Die Fenster des Takumi sind mit Plakaten und Angeboten fast vollständig verklebt, und man sieht nicht sehr viel. Dafür stehen die Leute hier in Doppelreihen, was auch ein schönes Erlebnis ist. Mehr Japaner. Männer, Frauen und Kinder mit konzentrierten Gesichtern. Das kann man als authentischen Pluspunkt werten. Die Nudelsuppen (Ramen) sind allerdings sehr ähnlich: Miso, Shio und Shoyu (basierend auf Misopaste, Salz oder Sojasauce). Wer es kräftiger mag, sollte Varianten wählen, für deren Brühe Schweineknochen ausgekocht wurden. Das gibt den sonst eher leicht gegarten klassischen Ramen eine geschmackliche und im besten Fall sogar überwältigende Tiefe. Besonders reizvoll ist die mit Schmalz aromatisierte und entsprechend gehaltvolle Suppe »nach Sapporo-Art«.

Interessant sind im Takumi die sogenannten Sets. Die Suppen werden mit diversen separat servierten Beilagen kombiniert, beispielsweise mit gebratenen Teigtaschen, frittiertem Hühnerfleisch oder Gemüse-Tempura.

Adresse Immermannstraße 28, Stadtmitte, Tel. 0211/1793308 | **ÖPNV** Straßenbahn 707, Haltestelle Charlottenstraße/Oststraße | **Öffnungszeiten** Mo–Fr 12–22.30 Uhr, Sa 11.45–21.45 Uhr, So 12–22 Uhr

PREISKATEGORIE ■ ◻ ◻ ◻

93 __ Tao

Gedämpfte Originale

Ist das Tao noch ein Geheimtipp? Jetzt nicht mehr! Und unter Leuten, die Dim Sums zu ihren Lieblingsspeisen erklärt haben, war es schon immer eine ganz starke Adresse, die aus einer Imbissstube hervorgegangen ist. Das Restaurant ist klein und optisch so chinesisch, wie man sich chinesische Restaurants in Europa noch immer vorstellt. Vielleicht sehen sie in China auch nicht viel anders aus: Lampions, ein bisschen Dynastien-Dekorationen vergangener Tage und ein Aquarium. Man könnte hier also durchaus so eine Art Allerweltschinesisch auf der Karte erwarten, also das Gegenteil von dem, was es tatsächlich ist.

Früher waren anwesende und essende Chinesen immer ein Zeichen für eine authentische Küche (wenn man sich anwesende und essende Deutsche als Garant für eine authentische deutsche Küche vorstellt, ahnt man, was von solchen Indizien eigentlich zu halten ist). Im Tao essen aber viele Chinesen, weil die Küche, vor allem die Dim Sums, tatsächlich authentisch ist. Sie werden nicht nur hausgemacht (also direkt im Haus und mit der Hand!), sie werden auch erst auf Bestellung zubereitet. Frischer und angenehmer können sie nicht schmecken!

Dim Sums sind Spezialitäten der kantonesischen Küche. Im 19. Jahrhundert wurden sie in und um Guangzhou, in der Nähe von Hong Kong, als Street Food populär. Ursprünglich begleiteten sie die Teezeremonien britischer Kolonialherren.

Dim Sums werden gedämpft, gebacken und frittiert. Bei uns sind die in Bambuskörben gedämpften die bekanntesten. Chinesen essen – wie überhaupt viele Asiaten – nicht linear in aufeinanderfolgenden Gängen, wie Europäer das gern tun. Sie essen gleichzeitig von allem, und so sind die Tische auch im Tao voll mit diesen »Kleinigkeiten«.

Irritierenderweise öffnet das Tao erst um 14 Uhr. Das liegt daran, dass chinesische Köche und Kellner aus anderen Restaurants nach getaner Arbeit hierher zum Essen kommen.

Adresse Collenbachstraße 75, Derendorf, Tel. 0211/20030581 | **ÖPNV** Straßenbahn 707, 715, Haltestelle Essener Straße oder Spichernplatz | **Öffnungszeiten** Di – So 14 – 23.30 Uhr, Mo geschlossen | **Internet** www.tao-dimsum.de

PREISKATEGORIE ■■□□

94 — The Bosporus
Erinnerungen an Istanbul

Küchen werden, wie andere Dinge im Leben auch, oft durch Simplifizierungen bis zur Unkenntlichkeit entstellt. Der größte gemeinsame Nenner ist auch am Tisch fast immer ein Ausdruck von allseits kompatibler Einfallslosigkeit. Die wunderbare, von vielen kulturellen Einflüssen, Landschaften und Lebensformen bereicherte türkische Küche hat in Mitteleuropa darunter besonders zu leiden. Sie wird kulinarisch eher beiläufig wahrgenommen und meist unter Wert gehandelt, was auch daran liegt, dass in vielen Restaurants ihre Möglichkeiten nur an der Oberfläche ausgeschöpft werden.

Dass türkische Küche in ihrer ganzen Vielfalt auf Augenhöhe mit anderen mediterranen kocht, zeigt The Bosporus. Benannt ist das große Restaurant nach der Meerenge bei Istanbul, die Europa mit Asien verbindet (und manchmal trennt). In seiner englisch artikulierten Benennung zeigen die Betreiber Hakan Tartuk und Sabahattin Curi (die beide aus dem Südosten der Türkei stammen) ihre Ambition, sich in Düsseldorf an ein internationales Publikum zu wenden. Sie wollen die elegante Feinschmeckerseite der türkischen Küche bekannt machen und in ein entsprechendes kulinarisches Sonnenlicht setzen. Gekocht und arrangiert werden die Speisen im Bosporus als türkische Variante einer mediterran überarbeiteten Nouvelle Cuisine, dem heute üblichen Standard ehrgeiziger Restaurants: Lammfilet auf kurz gegartem Gemüse mit einer Granatapfelsaftsauce, Joghurt in Kombination mit Walnüssen und Dill, Rinderfilet im Pastirmamantel, einer osmanischen Schinken-Spezialität, und marinierte Artischocken in Verbindung mit Fenchel und frischen Zitronen.

Die kellnernden Betreiber, die auch ausgebildete Köche sind, erklären gern und ausführlich, was es bei ihnen mit »Ali Nazik«, »Deniz Ürünleri Salatasi« oder »Sebze Tava« auf sich hat und warum hier »Adana Kebap« richtig türkisch schmeckt.

Adresse Karl-Rudolf-Straße 174, Stadtmitte, Tel. 0211/41655194 | **ÖPNV** Straßenbahn 701, 704, 709, 715, 719, Bus 780, 782, 785, SB 50, Haltestelle Berliner Allee | **Öffnungszeiten** täglich 11.30 – 24 Uhr | **Internet** www.thebosporus.de

PREISKATEGORIE ■■■□

95_ The Classic Western Steakhouse

Eat like a man!

Überall Revolverhelden! Desperados und Männer, die ganz allein auf sich gestellt sind und eine ganze Stadt zusammenschießen, wenn es sein muss. Männer ohne Frauen, die keine Kompromisse machen und am Ende wortlos in den Sonnenuntergang reiten.

Viele sind den Männern, die hier essen, natürlich seit ihrer Kindheit bekannt. Als Kind wollte man immer einer von ihnen sein. Und spätestens Karneval war man es dann auch. Während man auf das Steak wartet, sucht man die Schwarz-Weiß-Fotos an den Wänden nach Erinnerungen ab. Die coolen Sprüche, die irrsinnigen Verfolgungsritte, die zertrümmerten Saloons und wie schnell sie ziehen konnten, wenn es tatsächlich um alles ging: James Coburn, Randolph Scott, Peter Fonda, Gary Cooper, Clint Eastwood und natürlich John Wayne. Nach ihm ist eines der Classic-Western-Filetstücke benannt, das dickste natürlich, 500 Gramm. Er war schließlich der »Duke«, der Westernboss, 40 Jahre lang! Sein Steak muss man erst mal schaffen. Obwohl es hier nicht mal das schwerste ist: »High Noon«, benannt nach einem ganz großen Westernklassiker, in dem einer gegen alle kämpfen muss, bringt mehr auf die Waage. Und es soll echte Asphaltcowboys geben, die sich das »Porterhouse for 2« allein bestellen, 1400 Gramm. Beilagen extra.

Das Fleisch von amerikanischen Rindern halten zumindest Amerikaner für das beste der Welt. Momentan ist es, wenn man von japanischen Kobe-Importen mal absieht, auf jeden Fall das teuerste. Das liegt am Futtermais. Seitdem der auch zu Bio-Sprit für moderne Pferde verarbeitet wird, sind die Preise kräftig gestiegen.

Es bleibt nicht aus, dass in diesem Restaurant manche Gäste gern von ihren eigenen Heldentaten laut erzählen. Wie sie im Büro den einen oder anderen im Vorbeigehen zusammenfalteten und die härtesten Entscheidungen immer allein treffen …

Adresse Tußmannstraße 12, Pempelfort, Tel. 0211/20031507 | **ÖPNV** Straßenbahn 706, Haltestelle Tußmannstraße | **Öffnungszeiten** Mo – Fr 11.30 – 15 und 17.30 – 1 Uhr, Sa 18 – 1 Uhr, So geschlossen | **Internet** www.steakhouse-duesseldorf.de

PREISKATEGORIE ■■□□

96 — Trattoria d'Alfredo
Buona sera, Signorina …

Es kann durchaus sein, dass der Koch seine Gäste mit den ersten Takten des Smash Hits von Louis Prima aus den 50er Jahren begrüßt. Auch wenn gerade keine Signorina eintritt, sondern vielleicht zwei altersfortgeschrittene Esser, die Louis Prima noch persönlich aus dem Radio kannten. Das macht aber nichts. Es ist gut gemeint und gut gesungen und betont schon mit der nächsten Phrase, »it's time to say goodnight to Napoli«, dass man hier in einem echten italienischen Restaurant alter Schule ist.

Neapel, Golf, Amalfi, Capri, Sehnsucht, Frauen, tolles Leben: nicht unbedingt neapolitanische Küche, aber doch klassische italienische, wie man sie rund um den Globus findet. Deshalb sind hier im Alfredo auch mehr gesetzte Signori und Signoras (eingedeutscht) unterwegs als deren Töchter, die Louis Prima wie kein Zweiter besäuselt hat. Das Alfredo ist schon eine kleine Ewigkeit eines der zuverlässigsten Restaurants in Pempelfort, und wer selbst noch immer mit den fundamental kulinarischen Überzeugungen der alten Toskana-Fraktion unterwegs ist, wird sich hier wie zu Hause fühlen.

Man kann also eine gewisse Sentimentalität nicht unterdrücken, wenn die Kellner Insalata mista, Parmaschinken mit Melone (der Beweis des guten Geschmacks in den 1980er Jahren!), Kalbsleber in Butter und Salbei geschwenkt oder ein richtig gutes Ossobuco alla milanese auf den Tisch stellen. Zum Abschluss kommt man folgerichtig an Tiramisu einfach nicht vorbei – und man ist mittendrin in alten Urlaubsgefühlen und erinnert sich an die italienischen Restaurants der frühen Jahre, in denen man das Essen lernte.

Aber die Zeiten ändern sich! Und Italien war auch nicht das einzige Land, in das man gereist ist. Deshalb gibt es zu italienischen Klängen auch Thunfischsteak mit Wasabi und Ingwer (japanisch), Coq au vin (französisch) und Tomahawk U.S. Beef (indianisch und amerikanisch).

Adresse Schwerinstraße 34, Pempelfort, Tel. 0211/4920112 | **ÖPNV** Bus 722, Haltestelle Kolpingplatz | **Öffnungszeiten** Mo–Fr 12–15 und 18–23 Uhr, Sa 18–23 Uhr, So geschlossen | **Internet** www.trattoria-dalfredo.com

PREISKATEGORIE ■■□□

97 — Trattoria Emiliana
Stillleben mit Porchetta

Diese schlichte, folkloristisch anmutende Trattoria mit rot-weiß karierten Decken und Olivenölflaschen auf den Tischen sieht tatsächlich so aus, als befände sie sich in einem Vorort von Bologna oder irgendwo auf dem Land zwischen Parma und Modena.

Es gibt zwei Karten. Zum einen die Standardkarte, von der allerdings der Kellner eventuell abrät. Nicht weil sie schlecht oder langweilig wäre, sondern weil diese Karte im Wesentlichen bekannte Dinge benennt, wie sie außerhalb Italiens fast überall zu haben sind. Manchmal gibt es sie sogar in Italien selbst, vor allem dort, wo viele Touristen unterwegs sind.

Wärmstens empfohlen werden die Angebote der handgeschriebenen Tageskarte, für die sich der Kellner persönlich verbürgt. Er likt die Karte kurz mit dem Daumen: Von dieser Karte kann man also blind essen. Alles ist gut und einiges sogar ausgezeichnet, originell auf jeden Fall, aber es hängt wie immer auch von den eigenen Vorlieben ab.

Diese Karte ist nicht sehr umfangreich. Sie nennt die Speisen, in die die Köche ihren besonderen Ehrgeiz legen. Zwei Beispiele: Wenn man gut durchwachsenen Schweinebraten mag, ganz dünn aufgeschnitten, im wahrsten Sinn schön fett, sollte man auf jeden Fall die Porchetta probieren, die mit großen Parmesanspänen und etwas Zitrone serviert wird (die überflüssigen Rucolablätter kann man sich einfach wegdenken). Diese Porchetta erinnert geschmacksintensiv daran, dass Italiens Küchen viel mehr zu bieten haben als die bekannten infantilen Tomatenclownerien und die kurzatmigen Al-limone-Schnitzelchen. Die ländliche, ernsthafte Grundausrichtung der Küchen Italiens kann man in dieser Trattoria in sehr angenehmen Gerichten probieren, auch in einem Risotto con salsiccia e verza: Im Vergleich zum bekannten blassen Mailänder Risotto ist dieses Gericht mit der stark gewürzten Wurst und dem Wirsing ein vor Kraft strotzendes Schwergewicht.

Adresse Adlerstraße 42, Pempelfort, Tel. 0211/350123 | **ÖPNV** Straßenbahn 703, 704, 712, 713, Bus 721, 722, 737, Haltestelle Pempelforter Straße | **Öffnungszeiten** Mo–Fr 12–15 und 18–23 Uhr, Sa 18–23 Uhr, So geschlossen

PREISKATEGORIE ■□□□

98_ Tsun-Gai
Nur Mut

Als das Tsun-Gai 1990 eröffnete, bewirkte es gewissermaßen aus dem Stand, dass chinesische Küche in Düsseldorf anders und exotischer wahrgenommen wurde. Hinter den sonst üblichen Loempia (Frühlingsrollen) und den süßsauren Glutamattellern, die vorzugsweise mit Huhn, Schwein und Ananas in den Aquarienrestaurants serviert wurden, schien es noch eine andere, aufregende Welt zu geben. Das lag an den vielen im Tsun-Gai angebotenen Dim Sums, den Spezialitäten der kantonesischen Küche, die ungewöhnlich und irritierend waren und neugierige Esser manchmal auf eine harte Probe stellten: Unter Umständen musste man sich überwinden. Gerade deshalb war das kleine Restaurant in seiner frühen Zeit ständig ausgebucht.

Dim Sums standen zwar auch schon vorher auf den Karten einiger chinesischer Restaurants, aber für gewöhnlich waren sie kleine harmlose Zwischenmahlzeiten, schüchternes und zurückhaltendes Beiwerk für Leute, deren Appetit gering, diätisch und vorsichtig war. Im Tsun-Gai öffnete sich hingegen das große chinesische Küchentor zu Essgewohnheiten, wie man sie nur Chinesen zutraute und denen bekanntlich nachgesagt wird, dass sie so ziemlich alles essen, was sich bewegt. In den authentischen Dampftöpfchen aus Bambus wurden Seequallenstreifen, frittierte Entenzungen, gedämpfte Rindermägen und vor allem Hühnerkrallen, mit und ohne Knochen, serviert. Die Hühnerfüße lagen schlapp und schwarz und offensichtlich abgehackt übereinandergestapelt und waren unter chinaaffinen Essern lange das Gesprächsthema Nummer eins – und wer nicht gleich beim bloßen Anblick vom Stuhl gekippt war, galt schon als wagemutiger, unvoreingenommener, um nicht zu sagen: furchtloser Esser. Noch heute stehen sie unverändert auf der Karte. Allerdings gibt es auch ganz unspektakuläre wie zum Beispiel Dampfnudeln mit Lotusnuss oder Teigtaschen mit Garnelen. Wer es dennoch spannend mag, kann von der unbebilderten, in chinesischen Schriftzeichen verfassten Karte bestellen.

Adresse Bahnstraße 72, Stadtmitte, Tel. 0211/354291 | **ÖPNV** 701, 704, 709, 715, 719, Bus 780, 782, 785, SB 50, Haltestelle Berliner Allee | **Öffnungszeiten** Mo–Fr und So 11.30–23 Uhr, Sa geschlossen | **Internet** www.tsungai.de

PREISKATEGORIE ■■■□

99__U. – das Restaurant
Am Esstisch

Bastian Falkenroth möchte überraschen. Das sei schließlich der Sinn aller Kunst, auch wenn er selbst keine Diskussion mit seinen Gästen darüber führen möchte, ob das, was er tut, nun Kunst ist oder nicht. Seine Speisenkarte hat er dennoch versiegelt und persönlich signiert. Es sind eigene Kompositionen, die er einzeln oder in mehrgängigen Menüs anbietet, und er möchte den Charakter des Besonderen auch über das Design der Karte betonen. Er wünscht sich neugierige Esser. Wenn sie Hunger haben sollten, ist dagegen nichts einzuwenden, aber das ist keine Grundvoraussetzung, um seine Küche zu genießen. Vorsichtshalber weist er darauf hin, dass seine Kreationen in Zwischenganggröße serviert werden. Mit einer allein wird man höchstwahrscheinlich nicht weit kommen, er empfiehlt zwei, besser noch drei oder gleich das, was er sich selbst für einen ganzen Abend vorstellt. Er nennt das Chef's-Choice-Menü, 6-gängig für 69 Euro, 8-gängig für 89 Euro. Wer wissen möchte, welche Weine Falkenroth zu seinem Essen selbst trinken würde, kann das gegen einen Aufpreis von 39 Euro beziehungsweise 52 Euro ausprobieren.

Seine Kompositionen baut er über die Produkte auf und über die konzeptionellen Möglichkeiten, die sich über Texturen und die damit verbundenen Geschmackserlebnisse ergeben. Manchmal sind es spontane Einfälle, manchmal sind es langjährige Erfahrungen, die zu einer Idee führen: geräucherter Aal, Apfel, Gurke; Entenleber, Birne, Bohne, Speck. Urkarotte mit Sauerkirschbalsam und Pumpernickel war eine spontane Idee, auch Rindertatar mit Ziegenmilch oder Fasanenbrust mit Mandel und Süßholz.

Gelernt hat Falkenroth bei Holger Berens (siehe Seite 26) und im Kölner Zwei-Sterne-Restaurant Moissonnier bei Eric Menchon. Wer selbst von Bastian Falkenroth lernen möchte, kann den Esstisch in seiner Küche reservieren (ab vier Personen) und ihm dabei zusehen, wie er kocht.

Adresse Klosterstraße 34, Stadtmitte, Tel. 0211/91336992 | **ÖPNV** Straßenbahn 707, Haltestelle Klosterstraße | **Öffnungszeiten** Di–Sa 19–23 Uhr, So und Mo geschlossen | **Internet** www.u-dasrestaurant.de

PREISKATEGORIE ■■□□

100＿U.Land
Lauter Logenplätze

Seit Ende der 1970er Jahre die französische Nouvelle Cuisine asiatische Zutaten, Garmethoden und so etwas wie eine zenbeseelte Alltagsphilosophie für sich entdeckte, gibt es kaum ein ambitioniertes europäisches Restaurant, das keine eigene Küchenproduktphilosophie für sich entwickelt und das nicht mit Seetang, getrockneten Haifischflossen, Bonitoflocken oder zumindest mit Zitronengras und Sojasauce experimentiert hätte. Ganz ungewöhnlich ist noch der umgekehrte Weg: dass ein asiatischer Koch die europäische, vor allem die deutsche Küche mit ihren vielen Möglichkeiten für sich entdeckt.

Zhenkun Wang betreibt zwei Restaurants: das chinesische Hashi in Flingern und das nach dem deutschen Dichter Ludwig Uhland verkürzt benannte U.Land. Im Sommer 2014 eröffnete er im Düsseldorfer Logenhaus dieses sehr großzügig und locker-vornehm gestylte Restaurant. Aktuell kocht Wang mit Fabian Bauer, der bei Robert Hülsmann (siehe Seite 36) in die Lehre ging. Hülsmann ist bekanntlich einer der wichtigsten Geburtshelfer der aktuellen Düsseldorfer Restaurantszene.

Bauer ist allerdings kein Kopist von Hülsmanns rustikaler und manchmal etwas hektisch überhitzter Brasserieküche. Bauer differenziert sehr viel stärker in den einzelnen Geschmäckern und Aromen. Das mag nicht nur an einer persönlichen Neigung liegen. Das liegt sicher auch daran, dass im U.Land momentan noch die Zeit für exakte und absolut gargenaue Kleinarbeiten bleibt. Der frühabendliche Run, den man nach Bauers Kaninchenterrine im Teigmantel mit einem in jedem Detail stimmigen Frühlingsgemüsesalat oder seiner saftigen Poulardenbrust mit Perlgraupenrisotto eigentlich erwarten müsste, hält sich noch in überschaubaren Grenzen. Wer schlau ist und wissen will, was eine deutsche Küche gegenwärtig auf den Teller bringen kann, nutzt die Gunst der frühen Stunde.

Adresse Uhlandstraße 38, Düsseltal, Tel. 0211/68873568 | **ÖPNV** Straßenbahn 703, 708, 712, 713, Bus 737, Haltestelle Uhlandstraße | **Öffnungszeiten** Mo–Sa ab 17.30 Uhr, Küche 17.30–22 Uhr, So 12–22 Uhr, Küche bis 21 Uhr | **Internet** www.uland-restaurant.de

PREISKATEGORIE ■■☐☐

101 Vente
Voll gut

Vente klingt italienisch: wie »vento«, der Wind, und »ventre«, der Bauch. Das würde also gut zu einem Kneipenrestaurant passen, das abends voll unter Dampf steht und in dem viel gegessen und getrunken wird. Benannt ist die ehemalige Gaststätte Hecker aber seit einigen Jahren nach ihrem neuen Pächter Thomas Vente.

In diesem ältesten Teil zwischen Lambertuskirche (von 1206) und Löwenhaus (von 1288) bekommt man einen sehr plastischen Eindruck von den romantischen und gleichzeitig maßlosen Seiten der Altstadt. Und wenn es richtig voll ist, ist es natürlich am schönsten! Es wird getrunken, gegessen, geschrien, gelacht, gelästert, geschauspielert, gestritten und gelobt. Vor allem die Küche. Besonders beliebt ist gegenwärtig der »Spanferkelbauch 36 Std./60°C«. Die trockene technische Benennung meint ein besonders zartes, saftiges, sous-vide-gegartes Fleisch, das vakuumiert zusammen mit Kräutern im Wasserbad bei 60 Grad gar zieht. Diese sehr moderne, während der avantgardistischen Molekularküchenoffensive populär gewordene Methode setzt ein unübersehbares Zeichen – im Vente wird, auch wenn in der alten Gaststätte Hecker kaum etwas verändert wurde, nach neuesten Erkenntnissen und ganz im Stil der neuen Zeit gekocht. Und so werden auch die Speisen benannt: Linguine/Rinderfilet/Zuckerschote/Tomate/Parmesan. Oder: Kaninchenkeule/Bohnen/Birne/Speck. Und zum Nachtisch: Mangomousse/Chili/Schokolade. Kurz und schmerzlos, ohne Schnörkel, direkt und unmissverständlich.

Diese präzise Art der Inhaltsangabe setzt sich in vielen Restaurants mittlerweile durch und ist ebenfalls eine Übernahme dieser sehr prosaischen »Küchentransparenz«, wie sie in Skandinavien und Südamerika, den beiden Hotspots der Küchenavantgarde, bevorzugt wird.

Das Vente bleibt natürlich dennoch ein Kneipenrestaurant, aber eben eines mit unübersehbaren Ambitionen.

Adresse Lambertusstraße 10, Altstadt, Tel. 0211/5669063 | **ÖPNV** U 70, U 74, U 75, U 76, U 77, U 78, U 79, Straßenbahn 701, 703, 706, 712, 713, 715, Bus 780, 782, 785, SB 50, Haltestelle Heinrich-Heine-Allee | **Öffnungszeiten** Di – Fr 12 – 15 und 18 – 23 Uhr, Sa 15 – 23 Uhr, So 15 – 22 Uhr, Mo geschlossen | **Internet** www.vente-event.de

PREISKATEGORIE ■■□□

102 Vineria Vinci

Im post-sizilianischen Stil

Auf diesem ruhigen Teil der Neusser Straße (erst an der Bilker Kirche wird es gastronomisch stürmisch) gibt es gleich drei Restaurants mit italienischer Küche. Man kann sich zwischen Innenstadt und Bilk also ein bisschen durch den Pasta-Stiefel hindurchessen. Das Weinlokal Vinci kocht bis tief in den Süden hinunter, bis nach Kalabrien und Sizilien.

Gekocht werden typische Gerichte der Insel, mit möglichst authentischen Zutaten. Gnocchi mit Pesto alla trapanese (aus Basilikum, Mandeln und Tomaten) sind eine Empfehlung, diese Küche näher kennenzulernen, ebenso die Paccheri alla norma (Auberginen, Knoblauch, Tomaten, Ricotta), ein Küchenklassiker, der nach der Oper »Norma« des sizilianischen Komponisten Vincenzo Bellini benannt ist. Die Caponata, eine der bekanntesten sizilianischen Vorspeisen, ist ganz im sizilianischen Stil gehalten: eine Menge Auberginen, mit Oliven und viel Öl und einem grandiosen Schuss Essig, der die süßsauren Aspekte dieser Vorspeise nachhaltig betont. Caponata ist sicher eine Frage der Interpretation, es gibt sie in vielen Varianten, auch mit Honig, Kapern und Mandeln, also in einer herausgeputzten Art, wie sie wahrscheinlich früher nur die Großgrundbesitzer aßen. Ursprünglich kommt sie, wie so viele der bunten und überraschenden Geschmäcker in Sizilien, aus der arabischen Küche, und sie dient, ob alltäglich oder feiertäglich, immer dazu, die Lust und den Appetit auf die nächsten Speisen zu steigern.

Frittierte Sardinen, die Erkennungsmelodie der sizilianischen Küche, benennen die andere Seite des Tisches, die einfach und ernst ist. Zu ihnen passt sehr schön die in der Vineria separat angebotene Panelle, ein schlichtes Brot aus Kichererbsenmehl. Wenn »Pasta con le sarde« auf der Karte steht, sollte man sie auf jeden Fall versuchen. Mit fein geraspelten Brotkrumen bestreut geben sie einen Urgeschmack dieser südlichsten europäischen Küche.

Adresse Neusser Straße 27, Unterbilk, Tel. 0211/73276571 | **ÖPNV** Straßenbahn 704, 709, 719, Bus 726, 835, 836, Haltestelle Landtag/Kniebrücke | **Öffnungszeiten** Mo–Fr 11.30–14.45 und 18–22.30 Uhr, Sa 18–23 Uhr, So geschlossen | **Internet** www.vineriavinci.de

PREISKATEGORIE ■■◻◻

103_ Vitale
Auf jeden Fall gesund!

Cucina Vitale – klingt wie das fettarme und vitaminreiche Fit-for-Fun-Küchenversprechen in einem italienischen Wellnesshotel. Tatsächlich gibt es täglich vegetarische und manchmal sogar vegane Gerichte, zumindest solange der Trend und die Nachfrage nach tiergerechtem Essen anhalten. Auch deshalb ist das Vitale eine der Lieblingsadressen der neuen Ackerstraßenbürger, die sich in diesem nach wie vor sehr angesagten Teil Flingerns eingerichtet und immer häufiger eingekauft haben.

Auch die vielen dekorativen Sonnenspiegel an den Wänden, die Putten und vintage-verdächtigen Möbel tragen dazu bei, dass das Vitale besonders bei Paaren beliebt ist, die es intim, gemütlich und vertraut mögen.

Benannt ist das kleine Restaurant nach dem Ehepaar Vitale, das das Lokal betreibt. Gianni Vitale, der Koch, hat in seinen kurzweiligen Kochkursen vielen seiner Gäste beigebracht, wie man mit Olivenöl, Parmesan und Rucola, dem immer wachsenden Wunderkraut der italienischen Gegenwartsküche, umgeht. Sie sind also vertraut mit dem, was er in seiner offenen Küche vom Feuer holt.

Die Küche ist dabei nicht ausschließlich italienisch: Neben Pasta mit dicken Bohnen und Pancetta (kampanisch) werden auch Frikadellen mit Rosmarinkartoffeln (rheinisch), Süßkartoffelstrudel (one world) oder eine Spinat-Feta-Pastete (griechisch) angeboten. Abends, wenn Koch und Gäste mehr Zeit haben, sind die Gerichte voluminöser, aufwendiger und auch kulinarisch ambitionierter – Kabeljau mit frischem Spinat und Rote-Bete-Tatar oder Suprême vom Maishähnchen, also das beste Stück, nach Art der Jägerin (»alla cacciatora«) mit Serviettenknödeln (böhmisch), eine kleine Hommage an die vielen Frauen, die bei Gianni Vitale essen.

Dieser italienische Crossover-Mix trägt in jedem Detail die eigenwillige Handschrift des Kochs und schwankt vielleicht auch deshalb gelegentlich in den À-la-minute-Zubereitungen.

Adresse Ackerstraße 168b, Flingern, Tel. 0211/6980412 | **ÖPNV** Straßenbahn 703, 706, 712, 713, Bus 737, Haltestelle Lindemannstraße | **Öffnungszeiten** Di 12–14.30 Uhr, Mi–Fr 12–14.30 und 18.30–23 Uhr, Sa 18.30–23 Uhr, So und Mo geschlossen | **Internet** www.vitaleonline.de

PREISKATEGORIE ■■■□

104__Weinhaus Tante Anna
Zurück in die Zukunft

Ob es nun Notwendigkeit war oder reiner Übermut – das Weinhaus Tante Anna wird seit Monaten renoviert, und alle irgendwann erhofften Neueröffnungstermine mussten immer wieder verschoben werden. Im Herbst soll es nun endlich so weit sein. Deshalb ist dieser Artikel eine Erinnerung an die alte Tante, wie sie existierte, bevor der erste Nagel ahnungslos aus dem Gebälk gezogen wurde. In Zukunft jedenfalls soll alles wieder beim Alten bleiben. Allerdings viel schöner und noch viel besser, als es früher ohnehin schon war.

Unter den wenigen Düsseldorfer Restaurants, die den wilden Hindernislauf durch die Jahrzehnte überstanden haben, war das Weinhaus die auch international bekannte Vorzeigetante geworden, die als eine der letzten in der etwas rüpeligen Altstadt auf Anstand und gutes Benehmen achtete. Das lag zunächst an den Kellnerinnen und Kellnern, die es verstanden, grenz- und kulturübergreifend bei jedem (Messe-)Publikum den richtigen und diplomatisch mehrsprachigen Ton zu treffen; es lag auch an der alles in allem recht guten bürgerlichen Küche, die immer ein bisschen Feiertag auf den Tisch brachte; und es lag an dem enormen dekorativen Aufwand, der hier betrieben wurde, um einen eleganten, manchmal etwas überladenen, fast theatralischen Rahmen zu schaffen, der aus dem Weinhaus die gute Stube der Altstadt machte.

Schon in der alten Zeit hieß das Weinhaus »Alte Zeit« und schwelgte in einem Übermaß reinster Nostalgie. Was die Oxenforts in den Jahrzehnten, in denen sie das Lokal betrieben, antiquarisch sammeln konnten, hängten sie an die Wand. So war die Vorstellung des letzten völlig authentischen, altdeutschen Gasthauses in der Altstadt entstanden. Diese Vorstellung wurde noch durch diverse regionale Spezialitäten, niederrheinische Menüs und eine Weinkarte bekräftigt, die einen uralten und tief in die Düsseldorfer Stadtfundamente hineinreichenden Weinkeller vermuten ließ.

Adresse Andreasstraße 2, Altstadt, Tel. 0211/131163 | **ÖPNV** U 70, U 74, U 75, U 76, U 77, U 78, U 79, Straßenbahn 701, 703, 706, 712, 713, 715, Bus 780, 782, 785, SB 50, Haltestelle Heinrich-Heine-Allee | **Öffnungszeiten** Mo–Sa ab 18 Uhr, So und feiertags geschlossen (außer an Messetagen) | **Internet** www.tanteanna.de

PREISKATEGORIE ■■□□

105__Weinlokal Galerie
Lust auf Blauarsch

Wenn man abends in der Altstadt unterwegs ist und zufällig Lust auf einen Chateau d'Yquem Sauternes 1er Grand Cru Classé Supérieur bekommt, sieht es für gewöhnlich ziemlich Essig aus. In den meisten Kneipen gibt es nur elende Plörren, Nierensteiner Kopfspalter und ähnliches Zeugs, mit dem man Tapeten von den Wänden lösen kann. Deshalb ist es gut, zu wissen, dass es bei Julia Meister und Tim Hillemacher einen d'Yquem gibt. Allerdings nur flaschenweise. Ein Chateau d'Yquem, einer von 1787, wurde schon für 100.000 Dollar auktioniert. Daran sollte man denken, wenn man in der Galerie den Korken aus der Flasche zieht. Hier kostet der von 2008 zurzeit 390 Euro.

Unter ihren Raritäten sind auch ein Chateau Margaux 1er Grand Cru gelistet und ein Chateau Mouton-Rothschild Pauillac 2ieme Cru Classé. Der aber nur 2ieme Cru (»zweites Gewächs«) heißt, weil er 1855 so klassifiziert wurde. Per Staatsdekret wurde er 118 Jahre später als Erster und bis heute Einziger zu einem Premier Grand Cru befördert und zählt seitdem zu den fünf besten Weinen der Welt.

Aber es gibt natürlich jede Menge ganz hervorragende Weine, die glasweise in der praktischen Probiergröße 0,1 Liter zu haben sind. Nur zwei Beispiele: Der rheinhessische »Blauarsch« (der Wein hieß schon immer so!) des Weinguts Milch ist einer der besten Chardonnays (5,20 Euro), die man zwischen Rhein und Königsallee aktuell trinken kann; ein sehr schöner Spätburgunder aus dem Rheingau (4 Euro) stammt vom Weingut Peter Jakob Kühn, einem mehrfach ausgezeichneten Bio-Winzer, der auch demeter-zertifiziert ist.

Passend zur Qualität der Weine ist die Küche von Tim Hillemacher: zum Beispiel Ochsenbacke mit Trüffel, Burger vom handgeschnittenen Filet oder Caesar Salad von prämierten Hühnern aus der Dombes/Frankreich. Im Angebot sind auch sogenannte Jahrgangssardinen, die ähnlich wie Wein erst mit den Jahren ihren vollen Geschmack entwickeln und dann preislich durch die Decke schießen.

Adresse Benrather Straße 6b, Carlstadt, Tel. 0211/86399990 | **ÖPNV** Bus 726, Haltestelle Maxplatz | **Öffnungszeiten** Di–Fr 11.30–14.30 und 18–24 Uhr, Sa 14–24 Uhr, So und Mo geschlossen | **Internet** www.galerie-am-karlplatz.de

PREISKATEGORIE ■ ■ □ □

106 Yabase
Lost in Translation

Das Yabase hat auch unter Nicht-Japanern viele Liebhaber. Es steht in dem Ruf, das authentischste aller japanischen Alltagsrestaurants in Düsseldorf zu sein. Vielleicht liegt es an seiner ungewöhnlichen Einfachheit, an einer Minimierung dekorativer Elemente und am Verzicht auf irgendwelche folkloristischen Anspielungen auf den Tellern.

Außerdem sprechen die Kellnerinnen fast nur japanisch. Man ist mitten in Düsseldorf, aber doch plötzlich außerhalb, mehr oder weniger wortlos, und man muss die Dinge so nehmen, wie sie kommen. Ohne Erklärung werden die Speisen serviert, aber immer mit einer leichten Verbeugung und einem freundlichen, manchmal fragenden Lächeln (da einem als Anfänger nur übrig bleibt, nach Bildern zu bestellen, kommt den Frauen die Speisenfolge europäischer Esser vielleicht etwas unorthodox vor). Japanisch zu essen ist fast so schwer wie Japanisch zu reden. In der klassischen japanischen Küche hat alles Bedeutung, und es gibt keine kreativen Zufälle. Es wird nichts vermengt. Deshalb kommen die Speisen pur, wie der Koch sie geschaffen hat, auf den Tisch.

Hier essen viele Deutsche, die sich zweifellos auskennen. Wer das nicht tut, aber Lust hat, in die Feinheiten und geschmacklichen Nuancen des japanischen Essens einzusteigen, kann das mit dem Menü Yabase sehr ausgiebig tun (6-gängig für 45 Euro): Misosuppe, Spinat mit Sesam, Sashimi, frittierter Tofu, etwas Gegrilltes (Huhn oder Fisch), frittierte Gemüse und zum Schluss Eis. Das ist gewissermaßen der europäische Schlusspunkt des Menüs.

Reis und Sake sind die wichtigsten Bestandteile japanischer Abendessen. Deshalb hat das Yabase eine der besten und umfangreichsten Sake-Karten, mit einigen Seltenheiten zum Flaschenpreis bis etwa 120 Euro. Eine weitere Spezialität dieses Restaurants sind die vielen Gerichte, in denen Aal verarbeitet wird: ganz oder als Sushi, am Spieß oder in einer Seetangrolle versteckt.

Adresse Klosterstraße 70, Stadtmitte, Tel. 0211/362677 | **ÖPNV** Straßenbahn 707, Haltestelle Klosterstraße | **Öffnungszeiten** Di–Fr 12–14 und 18.30–22.30 Uhr, Sa 12–22.30 Uhr, So und feiertags 18–22 Uhr, Mo geschlossen | **Internet** www.yabase-ddf.com

PREISKATEGORIE ■■□□

107_Zen

Die Mittagspausen-Meditation

Um sich meditativ zu versenken, wie es der Zen-Buddhismus verlangt, ist es natürlich viel zu laut. Das Restaurant ist außerordentlich beliebt. Früher segelte es eine Zeit lang unter dem Slogan »Architektur & Esskultur« über die kulinarischen Weltmeere, aber es brummt erst so richtig, seitdem hier »la cuisine vietnamienne« serviert wird. Die französische Benennung schmeichelt nicht nur den rheinischen Ohren, die bekanntlich frankophil gestellt sind – sie deutet auch an, dass es sich um eine ganz spezielle Variante der vietnamesischen Küche handelt, nämlich die französische.

Bis die Franzosen 1954 die Schlacht bei Dien Bien Phu gegen die Viet Minh verloren, gaben sie in allen Lebensfragen in Indochina den Ton auch, auch in den Küchen. Von ihren Köchen verlangten die Kolonialherren reduzierte, zumindest sämige Saucen, wie sie in den Küchen von Laos, Kambodscha und Vietnam aber unbekannt sind.

Die Köche holten sich also Anleihen in den benachbarten chinesischen Saucenküchen, vor allem in denen Sichuans und Kantons – das sind die beiden Küchenstile, die weltweit das Bild einer chinesischen Küche außerhalb Chinas prägen sollten. Das erklärt auch, warum es im Zen noch ungefähr so schmeckt, wie es bis heute in chinesischen Restaurants alter Schule zwischen Paris und Düsseldorf schmeckt: chilischarf oder fruchtig-süßsauer.

Selbst die in neueren chinesischen Restaurants von den Tellern verschwundenen Schnitzmöhren zieren im Zen wieder die Vor- und Hauptspeisen. Serviert wird gern im Dreiklang Fleisch/Fisch-Gemüse-Reis, tellermäßig hübsch arrangiert, was auch deutschen Essgewohnheiten entgegenkommt. Die Speisen werden vietnamesisch benannt. Aber da sich unter »Bó Xáo Dúa« (Rindfleisch im Wok) oder »Bún Nem Rán Hà Noi« (Frühlingsrollen nach Hanoier Art) nur Franzosen – und natürlich Vietnamesen – etwas vorstellen können, sind sie deutsch und englisch erläutert.

Adresse Ackerstraße 128, Flingern, Tel. 0211/23040068 | **ÖPNV** Straßenbahn 703, 708, 712, 713, Bus 737, Haltestelle Uhlandstraße | **Öffnungszeiten** Mo–Do 12–15 und 17.30–23 Uhr, Fr, Sa 12–15 und 17.30–1 Uhr, So 12–22 Uhr, Mo geschlossen | **Internet** www.zen-gastro.de

PREISKATEGORIE ■■□□

108__zimmer no. 01
Außer Atem

Es ist ein ungewöhnlicher Raum, der noch nach Werkstatt und Kontor aussieht, ein immobiler Restbestand der ehemaligen und nun verblassten Speditionsbüros am alten Güterbahnhof, den es hier gegenüber lange gab, mit Industriechic und Loftdesign. Das Zimmer nimmt mit seiner Benennung als »No. 1« also den Mund nicht zu voll. Allerdings haben die Leute, die das aktuelle Interieur gestalteten, kaum eine Vintage-Designidee ausgelassen, und so ist man mit viel Trödelrestbeständen und einem ständigen visuellen Augenzwinkern konfrontiert. Auf den Stuhllehnen und auch auf der Tischbeleuchtung steht in regelmäßigen Wiederholungen »Zimmer No. 1«. Man wird also immer daran erinnert, wo man gerade isst. Würde man es sonst vergessen?

Die Neigung zum großen Stilmix hat auch auf der Karte deutliche Spuren hinterlassen. Das ist nicht ohne Reiz, erinnert manchmal aber an die gehetzten Bemühungen mancher Essmagazine, die bis zur Atemlosigkeit originell sein müssen: Kürbis-Orangen-Risotto mit Tonkabohnen und Weißer-Schokoladen-Holunderblüten-Sauce. Oder: Bruschetta Avocado mit Nüssen und Honig-Senf-Dressing. Pink-Granatapfel-Pinienkern-Couscous zur scharf-deftigen Bratwurst Merguez. Rotkohl wird mit Mango zum übergriffigen Salat, und dazu gibt es noch eine Sauce aus Passionsfrucht und Wasabi.

Langweilig kann es einem also beim Essen nie werden; allerdings krachen die Aromen eventuell mit voller Wucht aufeinander wie die Kontinentalplatten im Sankt-Andreas-Graben. Über manchen Tellern ist man also schlicht erschüttert oder intensiv bewegt. Möglicherweise ahnt das auch die Kreativabteilung in der Küche. Deshalb werden – einem allerdings sehr aktuellen Trend folgend – auch ganz einfache Sandwiches (belegt mit Schinken, Käse, Wurst) fast ruhrgebietsmäßig geerdet und als Stullen und sogenannte Pausenbrote, überbacken oder mit Kräutern und Quark, auf die Teller geschoben.

Adresse Schirmerstraße 61, Pempelfort, Tel. 0211/55049962 | **ÖPNV** Straßenbahn 703, 712, 713, Bus 737, Haltestelle Wehrhahn | **Öffnungszeiten** Di–Sa 10–23 Uhr, So und feiertags 10–18 Uhr | **Internet** www.zimmerno01.de

PREISKATEGORIE ■■□□

109_Zum Bruderhaus
Rheinische Seele

Es war einmal ein altes Dorfgasthaus, das außerhalb des Dorfes fast niemand kannte. Es war schön, aber meistens leer, und die Skatspieler, die sich dort bis zum Tod reizten, aßen Jägerschnitzel mit Zigeunersauce und Pilzrahmsuppe. Da kam eines Tages ein junger Sternekoch vorbei, ritt in die Küche, schmiss die alten Pfannen zum Fenster hinaus und alle Fertigprodukte gleich hinterher. Das alte Haus lachte vor Vergnügen, und die Leute kamen von weit her, um zu sehen, was dort Wunderbares geschehen war … So ungefähr könnte das Märchen vom Bruderhaus beginnen.

Marcel Schiefer hat dieses Gasthaus übernommen als Gegengewicht und Ergänzung zu seinem Sternerestaurant Schorn in Bilk (siehe Seite 174). Man isst im Bruderhaus natürlich nicht auf Sterneniveau, aber garantiert mit den ethischen Grundprinzipien, die Sterneküche erst möglich machen. Es wird tatsächlich gekocht. Das ist in sogenannten Gasthäusern und Wirtschaften durchaus nicht selbstverständlich (selbst in Restaurants nicht immer); alles, was in der Küche gebraucht wird, stellen die Köche selbst her: Es gibt also richtige Saucen, es gibt Fonds, es gibt frisches Gemüse und Desserts, die nicht aus Plastikeimern hinterm Rücken der Gäste herausgelöffelt und als hausgemacht kaltschnäuzig über den Tisch gelogen werden.

Schiefer realisiert mit seinen Köchen die Vorstellungen einer bestmöglichen Alltagsküche. Da er die »gutbürgerliche« Küche nicht neu erfinden will – er will sie nur richtig kochen und rehabilitieren –, bleibt er auf dem bekannten Gasthausteppich: Wiener Schnitzel vom Kalb, Senfrostbraten mit Kartoffelgratin und Sauerbraten mit Apfelkompott. Zander mit Schnibbelbohnen und Bratkartoffeln zu kombinieren schmeichelt der rheinischen Seele.

Da das Bruderhaus eine klassische Wirtschaft ist, gibt es zu Wein und Bier auch Reibekuchen, Frikadellen, Wurstsalat und den fast ausgestorbenen Strammen Max.

Adresse Fährstraße 237, Hamm, Tel. 0211/43636353 | **ÖPNV** Straßenbahn 708, Haltestelle Hamm | **Öffnungszeiten** Mi – Sa 17 – 23 Uhr, So 12 – 23 Uhr, Mo und Di geschlossen | **Internet** www.zum-bruderhaus.de

PREISKATEGORIE ■■□□

110_ Zum Czikôs
Altes Fieber

Von Günter Grass, dem Nobelpreisträger für Literatur, wird gesagt, er sei der beste Tänzer der »Gruppe 47« gewesen. Das glaubt man sofort, wenn man sich die rattenscharfe Musik vorstellt, die im Czikôs live gespielt wurde, als Grass selbst noch in die Waschbrettrillen griff. Grass verdiente im Czikôs als Musiker sein Geld, zumindest sein Bier, das er sonst nicht hätte bezahlen können. Er studierte an der Kunstakademie Bildhauerei, und noch heute bekommen Künstler und Kunststudenten vielleicht deshalb einen satten Rabatt (allerdings nur gegen Vorlage eines nicht gefälschten Ausweises!). Bekannt war das Lokal über viele Jahre auch für seine unermüdlichen Stehgeiger, die im ungarischen Hirtenkostüm so lange am Tisch blieben, bis sie durch mindestens einen Fünf-Mark-Schein vertrieben wurden.

Aus diesen alten Tagen – das Lokal existiert seit 1950 – haben es noch der »Lustige Bosniak« auf die aktuelle Karte geschafft, ein mit Schafskäse und Schinken gefülltes Rumpsteak, und »Dschingis-Khan«, Schweinerücken und Steak, die am Dolch offen flambiert werden. Leider ist dieses Schauspiel an den Tischen recht selten geworden. Als Grass hier noch den Oskar Matzerath gab (die kleinwüchsige Hauptfigur aus der »Blechtrommel«), war das Flambieren von allem, was brannte, an der gastronomischen Tagesordnung. Wenn sich im Czikôs vier zusammentun, gibt es den Khan in doppelter Stärke sogar als »Schwert von Attila, dem Hunnenkönig«. Das alles klingt viel bedrohlicher, als es tatsächlich ist. Diese operettenhaften Benennungen sind auch eher für Touristen gedacht, die mal was anderes erleben wollen.

Künstler und Studenten, mit und ohne Ausweis, gehen wegen der wunderbaren Gulyássuppe hierhin, wegen des würzigen Liptauers, der scharf mit Zwiebeln und Paprika angemacht ist, wegen der nettesten Kellnerinnen der Altstadt, wegen Kolbàsz, der Bratwurst, und Pjeshavica, dem Hackbraten. Das sind Grundlagen, die mindestens eine Nacht halten.

Adresse Andreasstraße 7–9, Altstadt, Tel. 0211/54479212 | **ÖPNV** U 70, U 74, U 75, U 76, U 77, U 78, U 79, Straßenbahn 701, 703, 706, 712, 713, 715, Bus 780, 782, 785, SB 50, Haltestelle Heinrich-Heine-Allee | **Öffnungszeiten** Mo–Fr 17–24, Sa und So 10–24 Uhr | **Internet** www.zumcsikos.com

PREISKATEGORIE ■■□□

111 Zur Sennhütte
Grelle Forelle

Die Sennhütte ist so klein, dass es einem schon fast peinlich ist. Man hört sich selbst ständig reden und die anderen natürlich auch. Aber wenn man flüstert, wirkt es so, als hätte man etwas zu verbergen. Auch deshalb hört man den anderen gern zu. Alles wirkt so geheimnisvoll, so intim und manchmal so facebookmäßig krachend banal, dass man sich selbst und anderen am liebsten ins Wort fallen würde.

Im Sommer sitzt man deshalb gern im Freien, in einem schmalen, kargen Garten direkt oberhalb der ICE-Strecke. Wenn die Züge unten vorbeirasen, hat man ein intensives Gefühl von Großstadt, besonders dann, wenn man gerade vom Land kommt. Hier ist Düsseldorf cool, schräg und ungewöhnlich, ein expressiver Ort für Exzentriker und Stadtneurotiker und natürlich einer für Eisenbahn-Fans. Nicht einmal am Rheinufer sitzt man so schön.

Ebenso irritierend wie die Aussicht auf Oberleitungen und die Neubebauung des alten Güterbahnhofs ist der Umstand, dass die winzige Sennhütte eine eigene Küche hat. Man fragt sich, wo sie wohl ist – und isst ziemlich gut. Passend zum Namen und den damit verbundenen alpenländischen Assoziationen gibt es einige handfeste und bodenständige Gerichte, beispielsweise Kaninchenrillette auf Graubrot, Semmelknödel mit Wirsing und Pilzen, Bauerngröstl mit der beliebten Kneipenwurst Salchicha (oder mit Oktopus: eine vermutlich einzigartige Kombination) und Spanferkelsülze mit Remouladensauce und Bratkartoffeln. Die Sülze kann man auch mit getrockneten Feigen, Spinatsalat und Cashewnüssen haben.

Richtig interessant wird es aber erst bei den etwas aufwendigeren Angeboten: Das Steinbeißerfilet mit provenzalischem Auberginengemüse, Kichererbsencreme und einer honigsüßen Dattelsauce schmeckt so gut wie in einem französischen Restaurant. Auch die Forelle mit Bärlauch-Kartoffelpüree und im Ofen gegarter Roter Bete erklärt, warum die Hütte immer voll ist.

Adresse Rethelstraße 96, Düsseltal, Tel. 0211/13950141 | **ÖPNV** Straßenbahn 706, Haltestelle Zoo | **Öffnungszeiten** Mo–Do 16–1 Uhr, Sa 16–2 Uhr, So 15–23 Uhr

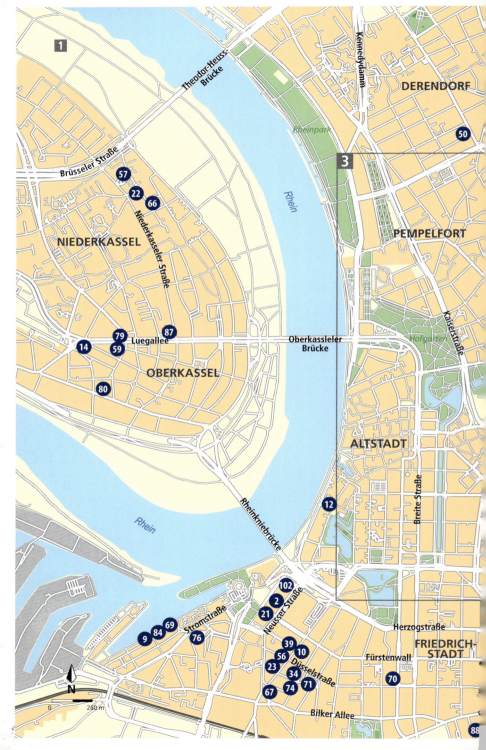

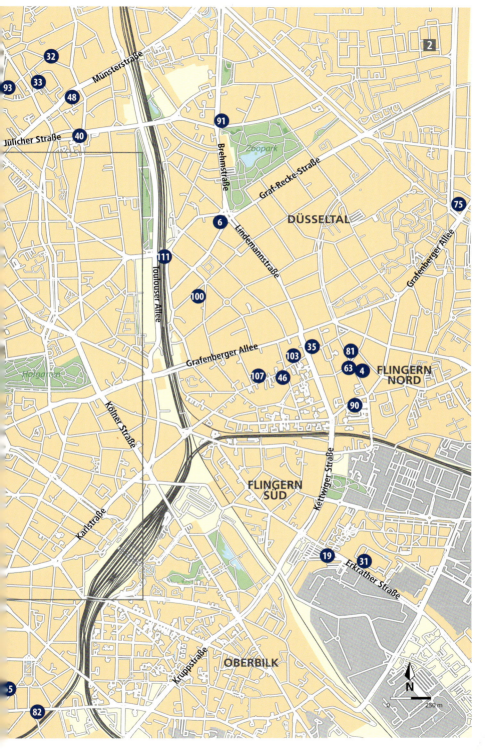

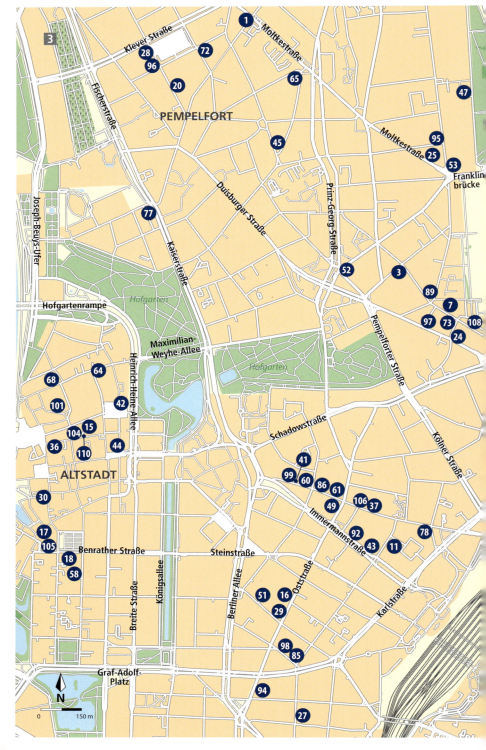

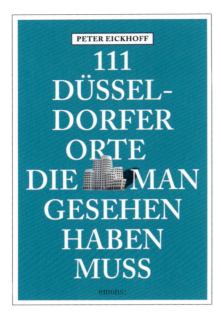

Peter Eickhoff
**111 DÜSSELDORFER ORTE,
DIE MAN GESEHEN HABEN MUSS**
ISBN 978-3-89705-699-2

Düsseldorf lebt an seiner Oberfläche von blank polierten Klischees. Doch darunter verbergen sich die mythischen Alltagsorte, die der Stadt ihre unverwechselbare Seele geben: Wo liegt das »Reich Beuys«? Wo wachsen Düsseldorfs südliche Träume mit Palmen in den rheinischen Himmel? Wo ist die Altstadtkneipe, in der Düsseldorf endgültig den Anschluss an die europäische Moderne fand? Und wo ist die steinerne Hand, die das Böse abwehrt? Wer am Grab der Nitribitt über die Liebe nachdenken oder den letzten Schritten des »Vampirs von Düsseldorf« folgen möchte, findet in diesem Buch 111 Orte, die jenseits aller Klischees die Stadt von ihren intensivsten Seiten zeigen.

Rüdiger Liedtke
111 Orte auf Mallorca, die man gesehen haben muss
ISBN 978-3-89705-975-7

Susanne Thiel
111 Orte in Madrid, die man gesehen haben muss
ISBN 978-3-95451-118-1

Ralf Nestmeyer
111 Orte in der Provence, die man gesehen haben muss
ISBN 978-3-95451-094-8

Peter Eickhoff
111 Orte in Wien, die man gesehen haben muss
ISBN 978-3-89705-969-6

Stefan Spath
111 Orte in Salzburg, die man gesehen haben muss
ISBN 978-3-95451-114-3

Jo-Anne Elikann
111 Orte in New York, die man gesehen haben muss
ISBN 978-3-95451-512-7

Dirk Engelhardt
111 Orte in Barcelona, die man gesehen haben muss
ISBN 978-3-95451-066-5

John Sykes
111 Orte in London, die man gesehen haben muss
ISBN 978-3-95451-117-4

Annett Klingner
111 Orte in Rom, die man gesehen haben muss
ISBN 978-3-95451-219-5

Thomas Fuchs
111 Orte in Amsterdam, die man gesehen haben muss
ISBN 978-3-95451-209-6

Stefan Spath, Gerald Polzer
111 Orte im Salzkammergut, die man gesehen haben muss
ISBN 978-3-95451-231-7

Christiane Bröcker, Babette Schröder
111 Orte in Stockholm, die man gesehen haben muss
ISBN 978-3-95451-203-4

Sabine Gruber, Peter Eickhoff
111 Orte in Südtirol, die man gesehen haben muss
ISBN 978-3-95451-318-5

Marcus X. Schmid
111 Orte in Istanbul, die man gesehen haben muss
ISBN 978-3-95451-333-8

Gerd Wolfgang Sievers
111 Orte in Venedig, die man gesehen haben muss
ISBN 978-3-95451-352-9

Rüdiger Liedtke, Laszlo Trankovits
111 Orte in Kapstadt, die man gesehen haben muss
ISBN 978-3-95451-456-4

Eckhard Heck
111 Orte in Maastricht, die man gesehen haben muss
ISBN 978-3-95451-368-0

Petra Sophia Zimmermann
111 Orte am Gardasee und in Verona, die man gesehen haben muss
ISBN 978-3-95451-344-4